Coronada de moscas

Coronada de moscas

Margo Glantz

Fotografías de Alina López Cámara

sextopiso

Varios de los textos de este libro, ahora corregidos
y reestructurados, aparecieron en mi columna quincenal de
La jornada y también en otros medios.
Lo agradezco.
MARGO GLANTZ

© 2012, Margo Glantz
© De las fotografías, Alina López Cámara

Primera edición: 2012
Segunda edición: 2013
Tercera edición: 2014

Fotografía de portada: Alina López Cámara

Copyright © EDITORIAL SEXTO PISO, S.A. DE C.V., 2012
    París #35-A
    Colonia Del Carmen,
    Coyoacán, C.P. 04100, México, D.F.

www.sextopiso.com

Diseño
ESTUDIO JOAQUÍN GALLEGO

Formación
QUINTA DEL AGUA EDICIONES

ISBN Sexto Piso: 978-607-7781-30-1

Impreso en México

Para Sofía, Bruno y Maqui,
de su abuela, la viajera.

TERNERA ACOSADA POR TÁBANOS

Podría describirla
¿tenía nariz ojos boca oídos?
¿tenía pies cabeza?
¿tenía extremidades?

sólo recuerdo al animal más tierno
llevando a cuestas
como otra piel
aquel halo de sucia luz
        voraces aladas
sedientas bestezuelas
infamantes ángeles zumbadores
la perseguían

era la tierra ajena y la carne de nadie

tras la legaña
me deslumbró el milagro mortecino
la víspera el instinto la mirada
el sol nonato

¿era una niña un animal una idea?

ah señor
qué horrible dolor en los ojos
qué agua amarga en la boca
de aquel intolerable mediodía
en que más rápida más lenta
más antigua y oscura que la muerte
a mi lado
coronada de moscas
        pasó la vida.

BLANCA VARELA

Quizá peco de obsesiva. Ese pecado se agiganta cuando hablo de la India. ¿Por qué no hablas del terremoto en Chile, de la tragedia atómica del Japón, de la crisis monetaria, de la invasión aliada a Libia, de la necesidad de crear un estado palestino o de la guerra contra el narcotráfico, me preguntan discretamente mis amigos más cercanos? Sin pensarlo dos veces, de manera automática, vuelvo a las vacas, las de siempre, las que, como es sabido, abundan en el subcontinente asiático. Son sagradas aunque mal nutridas (dato que asombra a algunos de mis lectores). A veces, el polvo amarillo con que se decoran la frente los brahmanes proviene de sus excrementos, puede provenir también de la madera de sándalo cuando la tintura es roja: ¡curiosa combinación! Parecería que allí las cosas permanecerían estáticas, mejor, parecería que el tiempo fuera distinto en la India al de otras latitudes. Es evidente que muchas cosas han cambiado pero también difícilmente otras se movilizan. En el lapso de cinco años transcurrido entre mis tres viajes a ese país, aun lo aparentemente banal se ve distinto a simple vista: se modernizan los edificios públicos (el aeropuerto de Delhi es ya casi de primer mundo), muchos motociclistas usan casco, las calles de Agra se vuelven más inseguras, los guías advierten que se deben cuidar las pertenencias, mantenerse agrupados por temor a los carteristas, pues a pesar de las multitudes que deambulan por las calles ese país era asombrosamente seguro; en un sentido más profundo es evidente que también se han alterado los usos y costumbres: se han relajado los ritos alimenticios ligados a lo religioso, se ha logrado cierta movilidad entre las castas, los privilegios de los maharajás fueron en parte abolidos, se advierte una mayor movilidad social, pero se ha deteriorado la calidad de los productos artesanales, se han extinguido varias especies animales, las selvas desaparecen y el abandono del campo por la ciudad se acelera: India con sus desigualdades sociales se convierte en aras del progreso en uno de los países del futuro.

Con todo, lo antiguo permanece: Muhammad Nizamuddin, místico sufí del siglo XIII, fue un sultán benévolo y tolerante que como san Francisco y el Buda optó por la pobreza y quien sin distinción de clase ni de culto acogía a los peregrinos que lo visitaban. Su dargha o mausoleo está situado cerca de la estación de ferrocarril del mismo nombre y del monumento de Humayún en Delhi; al lado se veneran otros sepulcros como el del poeta persa del mismo periodo Amir Khusrau, con quien simbólicamente el santo dialoga aún y dialogaba mientras vivía. Un barrio cerrado –típicamente musulmán– con callejuelas intrincadas cada vez más repletas de creyentes, de mendigos, de mujeres veladas, de refugiados provenientes de Bangladesh, limosneros, ropavejeros, puestos y tiendecitas donde se venden objetos de culto: tasbis (o rosarios), libros de oraciones, gorras tradicionales, trasiego de droga, perfumes, comida barata y flores, miles de rosas –sus pétalos desparramados– cubren el piso y el sepulcro. Un barrio venerado por creyentes musulmanes y por peregrinos de otras religiones que acuden a visitar la tumba.

Las mujeres sólo podemos asomarnos al santuario, un letrero nos prohíbe la entrada y a las extranjeras se nos invita a depositar nuestra limosna en un recipiente custodiado por un devoto. Detrás del sepulcro una celosía de mármol; algunas musulmanas tratan de introducir las manos para tocarlo y sus intentos son recibidos con violencia por los vigilantes: son apaleadas sin compasión. Antes de penetrar en la zona debemos cubrirnos la cabeza, descalzarnos (los brahmanes nunca usaban zapatos en el interior de sus casas, el mismo maharajá no los usaba, obviamente tampoco los musulmanes). El piso, increíblemente sucio. Se perciben mezclados los olores, tanto el de las rosas como el de la basura en descomposición. El cuidado del sitio y la manutención de los pobres corre a cargo de la comunidad y las limosnas de los visitantes. El sufismo es conocido por sus derviches giratorios, pero los adeptos de Nizamuddin cultivan la música y el canto: cada jueves al anochecer se celebra un concierto en la plaza cercana al sepulcro, es el día de la remembranza, el recuerdo nostálgico de un tiempo paradisíaco.

En la plaza estanques alargados repletos de agua donde los devotos realizan sus abluciones y donde sin pudor suelen asearse exhibiendo sus partes nobles.

Estuve allí con varios amigos, uno de ellos, residente en Delhi desde hace varios años, me llevó antes de que comenzara el espectáculo a una diminuta perfumería situada en el recoveco de una calle, donde compré varios perfumes y no lejos, en un puesto miserable, un tasbi.

Hablando de perfumes acaba de llegar a mis manos un bello libro, El olor de alcanfor, escrito en urdu por Naiyer Masud, escritor musulmán nacido en Lucknow: ...inhalar el aroma de alcanfor sólo provoca una sensación de desolación, afirma; luego, la revelación de algo en esa desolación...algo que ya existía antes de la concepción del extracto...

Masud nació en 1936, es alto, enjuto, enseña el persa en la universidad, usa anteojos, o mejor dicho, quevedos...

Ⅎ◆ℸ

La primera ciudad que conocí en la India fue Delhi. Llegué con mi hija Alina. Me llamó la atención en el aeropuerto ver a algunos hombres con la barba y la cabellera teñidas de rojo —la henna (en español alheña)— tinte natural que utilizan sobre todo los varones, también verlos escupir algo que parece sangre: las hojas de betel que continuamente mastican mancha

13

sus dientes como si padeciesen una enfermedad maligna en las encías.

(Admiro en el museo Guimet de París una exposición dedicada al antiguo reino musulmán de Lucknow, en el norte del país, hay miniaturas, manuscritos, objetos suntuosos, destacan varias cajitas esmaltadas donde se guardaba el betel.)

Hombres con grandes mostachos de muy diversas formas: una de las numerosas líneas de demarcación permanentes que fueron establecidas en la India para diferenciar a las clases sociales entre sí, distinciones que poco a poco van desapareciendo.

Un caos indescriptible antes de recuperar el equipaje: se me cayó el alma a los pies: llevaba mucho tiempo planeando esta visita, al grado de que me tenía envidia a mí misma. Después de abrirnos paso entre las personas que atestaban los pasillos del aeropuerto, ya en la calle y atravesando una barrera infinita de gente, nos esperaba un hombre enjuto de tez oscura enarbolando un letrero, también él con la cabellera o lo que le quedaba de ella teñida de rojo, los dientes pintados de ese mismo color: el que cubre la palma de las manos de las bailarinas o las de las estatuas que representan a las diosas. Un chofer andrajoso nos hizo subir a un coche color crema cuyo estilo me remontó a los años cuarenta, a mis épocas de niña, cuando con mi hermana Lilly paseábamos por el parque México al lado de la fuente decorada con la estatua desnuda de una mujer, estilo art decó, que presidía nuestros paseos por ese barrio.

De manera imperceptible fuimos llegando a la vieja Delhi, sus calles desbordadas de gente, su tráfico desmesurado, sus mendigos, sus peatones y el polvo, ese polvo sempiterno que lo asfixia todo. Nuestro hotel, no lejos de Khan Market, punto de reunión (hay tiendas de muebles y adornos, joyerías, pequeños almacenes, algún cafecito, restoranes de comida occidental): allí empiezan a encontrarse o a perderse las dos ciudades, la vieja Delhi, con su espléndido pasado mogol y sus imponentes edificios, sus calles retorcidas: me causa espanto su hermosura.

He visitado tres veces la India. En mi segundo viaje me hospedé en la nueva Delhi construida por los ingleses; pasé por la Puerta de la India, arco triunfal semejante al que en Bombay mira hacia el océano; cerca, edificios de tipo occidental albergan oficinas de gobierno; alrededor enormes parques y avenidas, un club de golf, hoteles de lujo y algunos monumentos antiguos, además, Santushti, un atractivo centro comercial con un pequeño restorán donde se come a la europea.

El aire, escribe Octavio Paz, es un miasma acre y pesado.

℥◆Ω

Nuestra primera escala era París, dormiríamos allí. Llegamos al caer la noche, dejamos las cosas en el hotel y paseamos durante horas por el Barrio Latino. Una bella exposición de fotografías sobre la China actual adornaba las rejas del parque de Luxemburgo. En las imágenes podían verse regiones que empiezan a dejar de ser rurales, la industrialización, grandes carreteras y presas en construcción, en suma la modernidad, el primer mundo en el tercero. La imagen del futuro, un futuro incomprensible: me atemoriza.

A la mañana siguiente casi perdemos la conexión, no nos despertaron en el hotel y se me ocurrió —cosa que jamás hago— tomar el metro rumbo al aeropuerto, las valijas habían sido facturadas hasta Delhi. ¿Miedo a enfrentarme a ese país que me obsesiona? Sin aliento, llegamos a tiempo de agregarnos a una enorme cola para subir al avión de Air France: la mayor parte de los viajeros eran indios. Subimos por fin y a la noche siguiente —¡otra noche!— desembarcamos en el aeropuerto repleto, pequeño, ineficaz, caótico. En el hotel nos esperaban los otros cinco miembros del grupo. Nos abrazamos con entusiasmo, Renata detrás de un pilar, Luz vestida a la moda india y los demás distintos, como si ya estuviesen aclimatados, como si en lugar de haber pasado tres días en la ciudad llevasen varios meses. Mario con la manga del brazo derecho vacía, sin su prótesis habitual y a quién antes de saludarlo le pregunté ¿Y dónde dejaste tu brazo? ¿Ya te volviste indio? ¿Viniste a pedir limosna?

Alina y yo éramos las novatas. Nos cuentan sus peripecias, acaban de mudarse de hotel, el anterior situado en un barrio sucio e inhóspito. Para ir a Connaught Place, lugar central en la ciudad, atravesaron un pasaje subterráneo donde se congregan los niños mutilados, esos niños quebrados desde la infancia, reconstruidos para pedir limosna con sus brazos o piernas colocados en lugares inverosímiles, también los ciegos y los que ostentan sus muñones; cerca, un estacionamiento de motos y bicicletas (algunas, casi fierro viejo amontonado y sin embargo útil), en un rincón un hombre postrado con su camisa blanca desgarrada y sucia, esquelético —hueso puro—, el bajo vientre desnudo y entre las piernas abiertas de par en par un brasero encendido. ¿Trataba de entrar en calor? ¿Era un leproso? ¿Se inmolaba a algún dios de entre los miles que pueblan el panteón hindú para pagar una culpa? ¿Un suicidio o un rito de incineración prematura e incompleta?

Entre contorsiones el hombre agonizaba. Los transeúntes pasaban a su lado sin mirarlo siquiera, como si fuera algo natural. Mis compañeros avanzaron rápidamente para dejarlo atrás, visitaron el bazar y comieron luego una sopa de lentejas en un restorán popular. De regreso vieron al lado de un templo varios hombres vestidos de mujer con sus saris y su lunar rojo en la frente. Al llegar al tiradero de motos el mendigo yacía muerto, el brasero apagado y sus genitales más oscuros que el resto de su cuerpo.

Esa experiencia fue decisiva para Renata, sólo en contadas excepciones pudo disfrutar del viaje…

A la mañana siguiente busco un zapato perdido debajo de la cama, alargo el brazo derecho, trato de recuperarlo y una espesa pelusa se me adhiere a las manos.

ഇ ◆ ଓ

Abundan los pájaros en las grandes extensiones de las construcciones musulmanas que Delhi alberga; sobrevuelan o se posan sobre las cúpulas y se retan: son halcones, águilas, cuervos, muchos cuervos, también pájaros más pequeños.

Hay pichones también ¿dónde no los hay?

Un impresionante parque rodea el mausoleo de Humayún; veo muchos niños uniformados como escolares ingleses de otros tiempos, sus madres visten saris de colores inverosímiles, tanto por su estridencia y por la combinación de tonos insólitos, como por su belleza. Se entra al recinto por una puerta roja que conduce a una avenida; al fondo se entreven las primeras tumbas reales; me confundo cuando veo un hermoso edificio colorado con ventanas bordeadas por un encaje de mármol, creo estar frente al sepulcro del gran sultán; en verdad es un edificio más modesto, más humilde, a pesar de su imponente elevación, el intenso color de la piedra, los arabescos de encaje de las ventanas y su porte majestuoso.

En la explanada —mi tercera visita a Delhi, febrero del 2010— veo un espectáculo incongruente: varios muchachos y muchachas indios, vestidos a la última moda (los chicos con jeans y chamarras, las chicas con minifalda, leggings y tenis Nike o Converse) bailan al son del rock que sale de un tocadiscos gigante y los camarógrafos filman una comedia musical para las grandes compañías fílmicas de la India, ésta parece ser una de las subsidiarias de Bollywood, la principal, me dicen que se llama Collywood. Copian, ¿se inspiran? en la última secuencia de la película de Danny Boyle, Slum Dog Millionaire, tan criticada en los periódicos y revistas indios por denigrar a su país, pero motivo de imitación jolivudesco, aunque la comedia musical y la música pop formen parte de la tradición del cine indio.

¿Cómo no conmoverse ante tantos hermosos jóvenes de ojos negros y dientes blanquísimos, distintivamente indios, bailando al ritmo de la música occidental y ataviados como colegiales de campus universitario estadounidense frente al mausoleo de un sultán?

La música se interrumpe de repente y también el movimiento convulsivo de los danzantes; se quedan pasmados, juegan a las estatuas de marfil. Cuando se reinicia la música, retoman su ritmo enfebrecido. Los miro embobada, me atrae este juego entre la turbulencia y el total estatismo. ¿Qué significa? ¿Es un ritual? ¿Algo deliberado? ¿Corrigen algún defecto en cada una de las tomas? ¿Simple capricho de los directores? No alcanzo a descifrarlo, lo consigno: cualquiera que sea su sentido, es fascinante como espectáculo.

(Más adelante, al volver a visitar Jaipur, admiraré en la gran explanada del fuerte, repleta de turistas indios y extranjeros, a otro grupo de jóvenes que bailan al son de una música muy moderna; la única diferencia: sus vestidos, aquí los tradicionales de la región, el Rajastán; los danzantes, igualmente acompañados de música roquera, se detienen de repente, se paralizan, detenidos a mitad de un gesto sinuoso para reanudar de inmediato su bamboleo como si fuesen fantoches; al fondo, un conjunto de uniformados con ropajes suntuosos enarbolan sus estandartes como en otros tiempos; indago, se trata de otra filmación, me dicen que es ahora sí de Bollywood, tal vez me equivoque y sea la misma compañía trasladada a diversas regiones del país: las películas se filman y luego se doblan en las diferentes lenguas habladas allí.)

Sigo caminando hacia el monumento verdadero, el que contiene el mausoleo de Humayún. Un enorme jardín con numerosas bancas donde se congregan familias enteras, las mujeres vestidas con los mismos saris de colores deslumbrantes y su lunar bermellón en medio de la frente; los ojos de los niños muy negros pero sus uniformes escolares combinan el beige y el café o el verde seco, los hombres usan pijamas, dhotis, kurtas o ropa occidental. A los brahmanes se les prohibía usar pantalones, sólo dhotis, esa tela de algodón enrollada entre las piernas, tan semejante a un pañal…

Sobre la gran cúpula blanca, las águilas y los halcones juegan; cerca, se disputan el sitio los pichones: la excepcional blancura del mármol se ennegrece a trechos siguiendo el ritmo de las aves. Me aproximo, al fondo el verdadero mausoleo. Entro, ante mis ojos emerge inmensa, con sus tonalidades escarlata, la tumba del sultán, el soberano opiómano, pero sabio.

Dice Thomas de Quincey en su libro Confesiones de un opiómano: mi intención al escribir estas páginas fue no sólo denunciar el terrible poder del opio usado como paliativo para calmar la enfermedad y el dolor, sino señalar cómo provoca también el noble y nebuloso mundo de los sueños (ese espejismo de los románticos tan admirado por Baudelaire: los paraísos artificiales).

Repuesta de mi asombro, admiro los relieves inscritos en mármol blanco sobre la piedra sanguinolenta, signo característico de la arquitectura mogol; apenas distingo los rosetones de esmalte verde, y casi invisibles, las volutas negras que pronuncian el nombre de Alá sobre los remates de la tumba. Ordenados jerárquicamente a su alrededor, otros sepulcros más pequeños; en varios de ellos descansan alguna de sus esposas, sus hijas y sus hijos…

A finales de los cuarenta, cuando los ingleses se retiraron de la India y la provincia de Pakistán se convirtió en un país independiente de religión musulmana, millares y millares de quienes profesaban creencias diferentes fueron perseguidos y asesinados; muchos de los que lograron huir acamparon en los inmensos y amenos jardines que rodean la tumba de Humayún. ¿Justicia poética?: los exilados hinduistas, jainitas, sikhs —¿asimismo budistas y parsis?— encontraron refugio bajo la égida de un antiguo y benévolo emperador musulmán. Los pavos reales, pájaros emblemáticos, pasean inmutables, amenizando con su orgullosa cola los verdes espacios cuidados con gran esmero.

> ...tras la legaña
> me deslumbró el milagro mortecino
> la víspera el instinto la mirada
> el sol nonato

℘ ◆ ℭ

De manera intempestiva, Ariel regresa al hotel. Desde el espejo del baño, lavándose los dientes con su cepillo, el mozo del hotel lo mira despavorido.

Cuando tenía trece años y vagaba solitario por las calles de Londres, Thomas de Quincey empezó a tomar opio; intentaba así mitigar los dolores reumáticos y dentales que lo aquejaban.

℘ ◆ ℭ

En la vieja Delhi visitamos un hospital de pájaros jainita, nos sorprende la insólita limpieza que reina allí: los pájaros malheridos ocupan pequeñas jaulas en el primer piso y se les dan cuidados especiales; en los pisos superiores se encuentran las aves que empiezan su recuperación y en el último nivel esperan en jaulas enormes y altas las que han sanado, impacientes por reanudar el vuelo.

Se prohíbe alojar a las aves de rapiña; éstas recibirán únicamente un tratamiento deambulatorio.

En el vestíbulo, varias pinturas intensamente coloreadas representan escenas salvajes donde abundan los hombres degollados: ¿a qué tipo de sacrificios aludirán? Es curioso, pienso, estamos en un edificio jainita, cuyos adeptos profesan una religión pacifista, en la que cualquier forma viviente vegetal o animal es sagrada. ¿O será que los estarán matando justamente por eso, por manifestarse contra la violencia?

Salimos del hospital, volvemos a ponernos los zapatos colocados en orden a la entrada, le damos una propina al cuidador, vigila para que no se los roben. El barrio donde se localiza este atildado hospital es asqueroso, habitado por los habituales mendigos, los vendedores ambulantes, los animales desahuciados; nos dirigimos al restorán musulmán donde antes habían comido los otros cinco miembros del grupo: sólo cocinan el cordero. Como digestivo tomamos trocitos de azúcar cristalizado, mezclados con anís.

80 ✦ CR

Aunque hay pocos, si se compara con la enorme cantidad de pobladores, es fácil toparse con practicantes de la religión jainita en la India. Disidentes del hinduismo como los budistas, descreen de los dioses y de los libros sagrados y la mayoría de sus miembros pertenece a la segunda casta, la de los guerreros. Sus templos, dispersos por todo el país: cerca de Benares, en Sarnath, sitio sagrado del budismo; también en Kurajaho, hermoso poblado campesino donde numerosos templos hinduistas con esculturas eróticas se ofrecen a la vista y, de repente, en medio de ellos, un sobrio y pequeño templo de mármol jainita ostentando púdicos desnudos. Estuve asimismo en Sravanabenagola, estado de Karnataka; encima de una altísima montaña se alza una estatua desnuda de más de veintisiete metros de altura esculpida en un solo bloque de granito (abajo, una presa enorme).

Por toda la India peregrinan sus ascetas: en Ellora, en Bombay, cerca de la casa de Gandhi. En el sur, al lado de los templos de Belur y Halibid, variantes delicadas y ascéticas de los templos eróticos de Kajuraho. Los sacerdotes jainitas barren el suelo, antes de posar en él sus pies: las escobas son atributos esenciales de su atuendo, también, una especie de antifaz rectangular, de un blanco deslumbrante. A diferencia de los parias que se encorvan para barrer —sobre todo las mujeres— los jainitas limpian el suelo con gallardía.

En Calcuta existen asimismo algunos templos de esta religión, uno perfectamente kitsch del siglo XIX, piso de mosaico florentino, lámparas de delicado cristal traídas de Bélgica, estilo Art Nouveau, altares y columnas barrocas, fachada cuyo pórtico pintado en lila y verde acentúa lo romántico y la cursilería, como las estatuas que amenizan el espacio exterior, esculturas mal avenidas con un recinto sagrado cuyos monjes renuncian a los bienes terrenales. Regreso para que lo visite Myriam, antes estuve con un amigo. Cansada de tanta belleza y tanta fealdad, decido no bajarme del coche y me pierdo una boda. Mi amiga regresa feliz, me cuenta que el novio participaba de la ceremonia como si lo llevasen al matadero: la novia era muy fea.

ଶ ✦ ଓଃ

El colmo de la belleza y la multiplicación, el grande y célebre templo jainita de Ranakpur en el Rajastán, con sus mil cuatrocientas cuarenta y cuatro columnas, todas diferentes y primorosamente labradas, varias cúpulas muy elaboradas y estatuas desnudas de relumbrantes ojos negros y adornos dorados. ¡Vanidad de vanidades, todo es vanidad! Asocio de inmediato con el Vasa, ese barco sueco, elaborado con maderas preciosas y adornado con estatuas en bajo relieve que representaban la victoria anticipada contra los enemigos germanos y que, recién inaugurado, se hundió en las aguas del Báltico. Rescatado y restaurado, puede admirarse ahora en un museo.

La pobreza extrema de los santones jainitas se enfrenta a la profusión de columnas marmóreas: un guía musulmán me dice en Kajuraho, con tono rencoroso, sí, no hacen mal a nadie pero qué buenos son para ganar dinero.

₲ ◆ ₳

Hay dos sectas principales en esta religión, los Digambara —los desnudos (comen una vez al día)— y los Svetambara —con breves ropajes de algodón blanco (comen tres veces al día)—: estar desnudo es liberarse de la vergüenza y del sexo, aunque la salvación esté reservada a los hombres: una sociedad como la india jamás toleraría que las mujeres paseasen desnudas por calles y caminos; además, bien lo sabemos, las mujeres son impuras, por lo menos una vez al mes: sólo si llegaran a reencarnar como varones podrían alcanzar el nirvana.

₲ ◆ ₳

En el hermoso mercado de Jodhpur entramos a un almacén jainita atendido por un abuelo, un padre y su hijo, sentados en gradación según sus edades en distintos sitios de la tienda: lugar atestado de objetos polvorientos de todo tipo, algunos muy bellos. El joven explica: los seguidores de esta religión son vegetarianos, pero no pueden consumir vegetales que nazcan directamente en la tierra: papas, ajo, cebolla, zanahorias, rábanos, camotes, nabos; en cambio pueden aprovechar los rizomas como el jengibre y la cúrcuma: se cree que la lista de los primeros tienen un contenido mayor de bacterias y por ello más vida susceptible de destruirse. Antes de despedirnos,

23

nuestro nuevo amigo comenta: uno de mis deberes como jainita es privarme de algo que me guste mucho, he elegido el té, que junto con las especias se vende a su alrededor a profusión. Me enternece, recuerdo a las monjas carmelitas de la Nueva España: a los cuatro votos reglamentarios previos a su profesión añadían un quinto, el de no tomar chocolate.

₭◆₧

Por las escaleras escarpadas e innumerables que bordean las cuevas de Ajanta, un grupo de creyentes barre el suelo; una mordaza les cubre las bocas, evitan así que ningún ser vivo penetre en ellas. Renata se hace su amiga, le explican varios de sus ritos, el sentido de las prohibiciones, su concepto de la no violencia.

En el estado de Maharashtra, por el monte sagrado de Kunthalagari, caminaba un viejo guía espiritual de la comunidad jainita de la secta de los Digambara —los vestidos de cielo—, cuyo nombre era el de Santisagara. El veinticinco de agosto de 1955 decidió cumplir con un ritual más extenuante aún con el fin de alcanzar el nirvana. Durante treinta y cinco años había seguido las enseñanzas del gran santo Mahavira, muerto hacía dos mil quinientos años. En 1920 renunció a todos sus bienes materiales y se volvió monje mendicante, recorrió a pie toda la India, aceptaba comida sólo una vez al día y usaba sus manos como único utensilio, apenas hablaba y cuando lo hacía era durante la mañana. Consiguió morir como ejemplo de toda su comunidad el 18 de septiembre de 1955.

₭◆₧

Hablando de la violencia innata entre los indios, un comunista, entrevistado por el novelista trinitario de origen indio Naipaul, asegura: entre los numerosos ideales de Gandhi que los indios no aceptaron, estaba la ahimsa, la no violencia, cate-

24

goría importante que determina el comportamiento de esta religión.

¿La jainita, pregunta el novelista?

Es una secta extraña. Pero cuando usted se refiere a otras religiones de ese tipo como el budismo y también a Gandhi, se obtiene una falsa perspectiva de la India. Yo hablaría de lo sucedido en Campuchea, Ceylan, Birmania, China y otros países agrupados bajo la sombra de Buda y de Confucio. Todos esos pueblos son extremadamente violentos.

₧♦℞

Son cerca de las 9:45 de la noche en el hotel Taj Mahal de Bombay: en casi todas las ciudades importantes de la India hay varios hoteles magníficos y algunos de ellos pertenecen a esta cadena. En Calcuta me alojé en uno bellísimo, me produjo culpa dormir en habitaciones suntuosas y comer delicados platillos indios o internacionales. Los indios de las clases superiores que viven hace siglos dentro del sistema de castas parecen no sentir ninguna. A fin de cuentas, los intocables lo son porque han cometido innumerables faltas graves en su pasado anterior.

Se oyeron ruidos inusuales: nadie sospechaba que fueran disparos. ¿Cómo imaginar algo semejante en un edificio construido a fines del siglo xix para perdurar? La fachada del Hotel Taj Mahal me recordó la antigua estación de ferrocarril londinense de la época victoriana, Saint Pancras, previa a su modernización, con su falso gótico, sus ladrillos, sus torres fantasmales. Admiré ese conjunto de edificios frente al malecón, cerca del arco triunfal conocido como la Puerta de la India, ya mencionada, primera construcción que los pasajeros de los navíos procedentes de las islas británicas y del lejano y cercano oriente veían al llegar a Bombay, hoy Mumbai, ciudad construida junto al océano.

¿Cómo concebir que un día cualquiera pudieran alterarse de repente las conversaciones de negocios, las lujosas bodas y otro tipo de ceremonias celebradas en el famoso hotel? ¿Cómo entender que esa alteración fuese producto de una ominosa presencia, la del terrorismo? ¿En el hotel Taj Mahal? Baluarte bien resguardado contra los ataques fortuitos, gracias a los soldados que con armas perfeccionadas y puertas blindadas pueden detectar cualquier irregularidad mediante las técnicas más sofisticadas. Dos hombres armados con cuernos de chivo irrumpen en el elegante lobby del hotel, cubiertos sus pisos de mármol con grandes tapetes del tamaño de una pequeña piscina, semejante a la verdadera, cerca de la cual algunos huéspedes todavía conversan alegremente con sus copas de vino o sus vasos de whisky y ginebra en la mano. Dabir Bains, dueña de una boutique de ropa interior de alta costura, está con varios de sus amigos al lado de la alberca, hacen bromas, beben, degustan los manjares y, de repente, oyen las detonaciones. Las risas se trasmutan en gritos de terror. Se precipitan hacia las escaleras y con otros comensales y huéspedes del hotel se esconden debajo de las mesas del restorán principal, tratando de mantener la calma, a pesar del estruendo. En el lobby, hombres enmascarados y charcos de sangre enturbian el suntuoso piso de mármol.

Dos semanas antes había estado comiendo allí con unos amigos.

❧

En la ciudad de Udaipur, en el Rajastán, hay muchos musulmanes, la mayoría viene de Cachemira, desde allí llegan bellas pashminas, hermosas lanas, bolsas, joyas, vendedores y terroristas. Después de convencerme de comprar una pashmina roja, alabando su exquisito tramado, uno de los dueños de la tienda justifica el terrorismo en su región: los cachemiritas desearían que su provincia se separase de la India, como sucediera después de la Independencia con Pakistán y Bangladesh, catástrofe de la cual aún no se reponen en Bengala, aunque hayan pasado más de cincuenta años, como pude comprobarlo cuando visité Calcuta, hablando con personas cuyas familias tuvieron que separarse para no volverse a ver jamás después de la partición.

El otro vendedor coquetea con mi amiga...

ಬ♦ෆ

Viajar como turista tiene sus ventajas y sus problemas. Observación obvia, pero pertinente. Las cosas se ven desde arriba, con precaución, o más bien de lejos, en un país como éste. Pensaba que mi experiencia era única, como si sólo yo y los que compartieron conmigo mi primer viaje a la India hubiésemos visitado ese territorio extenso y archi poblado. No es así, otra conclusión convencional. Hablamos de nuestras experiencias como si ese itinerario hubiese sido realizado por Marco Polo o Cabeza de Vaca in illo tempore: en realidad, en cualquier reunión donde haya más de cinco personas, una por lo menos ha recorrido esos parajes y ha resentido parecidos y simultáneos sentimientos de rechazo y de fascinación.

Otra de las plagas recurrentes que asaltan a los viajeros es visitar muchos lugares al hilo, con la consecuencia inmediata de que los lugares se vuelven borrosos. Quizá la fotografía que los otros sacan podría hacer que los recuerdos regresen con nitidez. Dos miembros de nuestro grupo de turistas —Alina y Raúl— son fotógrafos profesionales y lograron vistas maravillosas de la India. Repasándolas, soy capaz de recordar con mayor claridad mis impresiones.

ಬ♦ෆ

En mi caso, lo confieso abiertamente: odio viajar con cámara fotográfica por mi torpeza e incapacidad para enfocar o sostener con mano firme el aparato; pienso además que ciertas gen-

27

tes viajan sólo para tomar fotos y mostrarlas orgullosamente cuando regresan a su lugar de origen y, no importándoles en absoluto los sitios que han visitado, muestran con orgullo las fotos obtenidas sin esfuerzo mediante una cámara digital. Serían apenas desvaídos imitadores de los personajes creados por Borges, Cortázar o Coleridge, quienes al regresar de su visita a parajes arcanos, inexistentes e inverosímiles, llevan en la mano como única prueba irrefutable de su aventura una flor, un libro, un pañuelo.

ℴ◆ℋ

En 2008 volví a Delhi y me alojé en el hotel Ashok en un barrio residencial; desde allí tomé un coche manejado por un chofer sikh de enorme turbante, alto y robusto, rostro oliváceo y ademanes ceremoniosos, para dirigirme con varios amigos a la vieja ciudad. Fuimos por avenidas amplísimas y arboladas a una velocidad alucinante; pasaban coches de todos los tamaños, pero sobre todo ricshos de bicicleta o motocicleta, tuc-tucs pintados de verdes y amarillos detonantes (en cada ciudad se usan colores distintivos, siempre primarios y contrastados) (he comprado un imán en forma de riksho que adorna la puerta de mi refrigerador), luego empezaron a aparecer algunos asnos, unas cabras y una vaca: es más bien un cebú: en las zonas rurales, su excremento y el de los búfalos se utiliza como fertilizante o se emplea como combustible para cocinar e igualmente sirve para hacer tabiques, cosa común en el campo mexicano desde hace varios siglos, para cocinar y calentar agua, tomando eso sí la simple pero necesaria precaución de tapar herméticamente la olla, de otra forma el hedor sería imposible de soportar.

Sólo los parias pueden consumir carne de vaca, cuando éstas mueren de enfermedad o de inanición; asimismo, algunos intocables se ocupan de preparar y teñir el cuero: los he visto y olido cuando trabajan en algunas de las ciudades que he visitado en mis tres periplos por este subcontinente asiático.

28

Llegamos a la vieja Delhi –Shjanabad–, dividida por los ingleses para combatir un motín popular gracias a la construcción de un ferrocarril decimonónico que aún existe. Las calles cada vez más estrechas; cambiamos de vehículo, somos cinco, tres ricshos conducidos por ciclistas sudorosos, medio desnudos, oscuros, hacen un esfuerzo inhumano, las venas de las sienes laten con desmesura, hinchadas; transitan por las callejuelas evitando obstáculos, gente, vehículos, mujeres veladas, mujeres con saris color rojo encendido o verde o amarillo o magenta o cinabrio, tierra de Siena, el óxido de hierro, el ocre: las mujeres son gordas o flacas; los hombres robustos o enjutos –la masmédula– avanzan en bicicleta o en moto tocando la bocina; las mujeres casi nunca llevan casco (ni los niños) y ellas se abrazan con fuerza a las cinturas de sus esposos, cubiertas sus cabezas con telas coloridas; otras veces se sostienen en frágil equilibrio para no exhibir en público una exagerada intimidad; carretillas paleolíticas sobrecargadas de enormes bultos, demasiados bultos, algunos los llevan sobre la cabeza o sobre vehículos arcaicos para nosotros, para ellos cotidianos; los cables de la luz se entreveran de maneras extravagantes, la viva imagen de la India, enredada, polvorienta; bellos edificios dilapidados, con motivos árabes, celosías desplomadas; apenas se percibe el tenue azul –muy tenue– que antes decoraba los edificios, las terrazas, los ladrillos, la cantera; hay trapos mugrosos, deshilachados, cubiertos de tierra, ventanas a punto de caer, sostenidas por andamios primitivos, intricados, afianzados por cuerdas, en pie por milagro; hierro forjado con dibujos antes bellos, horadados por el tiempo; perros, un mono con el culo rojo, asnos, tiendas, perros, perras con las tetas caídas y la piel sarnosa: Blanca Varela sueña con un perro desollado: cantaba su cuerpo, su cuerpo rojo silbaba. Y vacas, vacas, vacas y más vacas...

¿Y los camellos?

Es el barrio musulmán, se conoce como Fateh Puri. Ya lo había visitado antes, ya había visto los montones de basura por doquier pero, afortunadamente, no vimos ratas en esa ocasión; en la India abundan y en algunos lugares son sagradas: me repugnan: las ardillas son pequeñas por esos rumbos, su cola esponjada y muy grande, si se toma en cuenta la pequeñez de su cuerpo. La mezquita entre las callejuelas se abre extensa como una aparición. En ese interminable mediodía, muchos hombres descansan tirados en el suelo con una desenvoltura casi animal. Con Mario que profesa la religión sufí tuve ocasión de ver una reliquia albergada en uno de los corredores exteriores: la huella del pie de Mahoma; se exhiben con orgullo además algunos pelos de su barba (¿o serán los de su yerno?): debo confesar que me dio un poco de asco verlos, rígidos y amarillentos (¿serán verdaderamente los suyos?) Luego mi amigo me reprochará mi descarado materialismo.

Los distintos objetos que se comercian en la vieja Delhi y en la mayoría de las ciudades que visito y visitaré se coagulan por barrios y las cosas se clasifican según su utilidad y su destino en diferentes calles como en el mercado de Tlaltelolco en la época en que llegaron a Tenochtitlan Cortés y sus soldados; vamos transitando en perpetuo bamboleo y difícil equilibrio por distintos tipos de tiendas, parecidas a las que a mediados del siglo xx aún se llamaban cajones en la Merced o la Lagunilla en la ciudad de México; pero aquí lo son verdaderamente, cajones de un mueble enorme que es el propio barrio, espacios diminutos, receptáculos repletos de mercancías; dentro, la gente sin zapatos atiende a los compradores; paseamos por la calle de las cuentas de piedra o de madera, cuelgan como chorizos; vemos luego las cadenas hechas a mano, encajes, cintas de colores, brazaletes de todo tipo y de distintos precios, los fierros viejos, utensilios domésticos de estaño, hombres con objetos curiosos, especies de ready made après la lettre; en Calcuta y en Jodhpur (supongo que en la mayoría de las ciudades) hay barrios dedicados enteramente a construir estatuas de los principales dioses del panteón hindú y sus múltiples avatares, son enormes, desproporcionadas y de colores chirriantes, a veces espantosas: reflexiono y me viene a la memoria cómo en las crónicas de la Conquista, Cortés y sus soldados consideraban que las esculturas prehispánicas eran horribles.

Arriba, si se acierta a levantar la cabeza, sobre todo cuando se va en ricsho, las mansiones amenazan con caerse encima de nosotros, un resto de color azul y de belleza las circunda.

Hermoso sitio a punto del derrumbe.

Llenos de polvo, con las manos sucias, los ojos empañados pero bien abiertos, llegamos al mercado de las especias: en pulcros y coloridos montones se alinean la cúrcuma, la alcaravea, el azafrán, las variadas clases de pimienta, los cominos, el anís, el cardamomo, la canela, la guindilla y también las pasas; distintos tipos de piedras, los líquenes, los cocos endurecidos o diversas frutas: manzanas enclenques, papayas pequeñas, calabazas, plátanos ya muy maduros como en los mercados de Guatemala, chirimoyas de forma bellísima, chiles, todo tipo de chiles, enviados desde México en tiempos de la Colonia cuando el comercio con Asia se controlaba desde aquí, y con ese nombre se expandieron a las Filipinas, India, Corea y Japón para formar parte de las cocinas locales: el regreso de las carabelas tan mentado: me siento en tierra propia y no en la ajena cuando lo verifico. Hay también chicozapotes, llamados en la India con economía chicos, provienen obviamente de México y América Central ¿la misma forma de viajar que los chiles? Nos hemos hermanado, compartimos la fruta y las especias ¿acaso la vainilla no era nuestra?

Esas especias son las que perseguía Colón y por las cuales nuestro continente fuera llamado antaño por los descubridores las Indias; en inglés, algunas islas colonizadas por los británicos siguen llamándose las West Indies, reitero, Indias Occidentales. Quizá un término más preciso, ¿Trinidad donde nació

Naipaul? ¿Jamaica, lugar de origen de la escritora Jamaica Kincaid? ¿Dominica, el de Jean Rhys, autora de ese bello libro, Ancho mar de los sargazos?

Las frutas y las verduras ocupan el perímetro de un antiguo harén: los balcones con celosías, los torretas, discretas habitaciones y, debajo, en donde habitaban las concubinas, se acumulan ahora las especias en sabios montones coloridos. El olor, insoportable, una mezcla a dosis iguales de orina, caca, gasolina requemada y especias. ¿Será que de pronto evoco ese olor que Naiyer Masud describió como uno de aquellos aromas tan antiguos como el mundo, anterior a las flores y que al inhalarlo propiciaba recordar lo olvidado? Sin embargo —y reitero sus palabras—, esa vez no recordé nada que hubiese olvidado sino que olvidé aquello que había recordado.

೮೦◆೮೪

Varias de las calles las hemos transitado a pie. Imposible hacerlo de otro modo, los embotellamientos son numerosos y grotescos; hombres cargados de bultos gigantescos que probablemente ni Hércules ni Atlas ni Jean Valjean hubieran podido soportar; carretas de madera larguísimas y de formas arcaicas llenan las callejuelas, los cargadores gritan y se lanzan contra quien camine sin cuidar el golpe, todos vociferan, hablan en hindi, en urdu, en malayalam, en kannada, en tamil, en cualquiera de las otras lenguas vigentes en la India. Todos sudan... Los que venimos de fuera nos volvemos de inmediato indios, de otra forma quizá nunca podríamos regresar intactos a nuestras regiones.

೮೦◆೮೪

Toca ahora visitar el mercado de los saris —sareees en inglés (me encanta la prolongada caída de la i). Seguimos en Delhi, o quizá en Bombay, en Calcuta o en Bangalore. Tiendas y más

32

tiendas con telas de colores estridentes y notables combi-
naciones, bordados complicados y diversos —una diversidad
casi imposible de creer. El ideal del lujo: la acumulación, la
colección, el horror vacui, armarios rellenos de saris, de
cuentas, de pashminas, de telas, colchas, camíz, manteles,
kurtas, pijamas, saiwars, dhotis, estolas de algodón, cuyos
diseños, como los de los saris, las joyas, los muebles, las
lámparas, las cajas, los cerrojos revelan una imaginación infinita e inesperada y sin embargo clásica. En el Rajastán las
puertas se cierran con candado; son muy altas y las cerradu-
ras se colocan en la parte superior: es casi imposible abrirlas
o cerrarlas.

₧♦₨

Mientras escribo, leo de vez en cuando el Twitter, no sé muy
bien por qué, pero abundan los tuiteos que provienen de la
revista Vogue de la India. Leo, son maestros de la hipérbole.

Detalles regios por doquier, destacan los numerosos toques de
plata y oro en los diseños y los trajes en tonos acuáticos, azul
zafiro y verde mar. Muy llamativos los trajes españoles, a lo fla-
menco, se hermanan con el carácter agitanado de Bollywood…
Peinados y afeites recuerdan los de Cleopatra… Extraordinarios
motivos florales en tonos grisáceos y plateados… Drama exquisito, alta costura en Satya Paul, matices luminosos, cente-
llantes, los colores parecidos a los del arco iris…
  Y saris deslumbrantes, ¡como siempre!!!!!!

₧♦₨

El mercado con su belleza intacta sigue oliendo a orines. Un
momento de náusea y seguimos. Las mujeres se acomodan en
el suelo sobre edredones blancos, revisan los saris que los vendedores también acuclillados les muestran con paciencia y
parsimonia. Es un ritual. Los zapatos se quedan en la puerta.

33

Sus pies son perfectos, el dedo gordo separado del resto, como los pies de Cristo o los apóstoles en los frescos del Renacimiento o santa Catarina antes del martirio. Cada una lleva un sari diferente de colores no occidentales, afortunadamente, y cada una examina con atención los que ha de comprarse en seda, algodón, géneros sintéticos, con elaborados y bellísimos bordados o la túnica que los sastres harán al instante en una máquina de coser instalada en plena calle, lo hacen con una habilidad ultraterrena o simplemente de artesano, especie que desaparece del mundo y aún persiste en la India, en Corea, en Birmania o en México un poco menos; las mujeres usan la tela enrollada sabiamente en torno de su cintura, la estola sobre los hombros y es admirable la facilidad y la elegancia con que portan su ropa, aunque sean gordas y los rollos de grasa abulten en flagrante desnudez sobre su talle.

℘ ◆ ℭ

Cerca, las joyerías estrechas, diminutas; un hombre dentro de una pesando rubíes, esmeraldas, zafiros, topacios o el oro y la plata. Fuera, un criado: ¿el perpetuo sistema de castas?: los que sirven, los que venden, los intocables y los privilegiados. Ya dentro, en la joyería de la vieja Delhi, me llama la atención un collar que pienso es de granates, aunque, reflexiono, demasiado suntuosos y pesados para serlo, y en efecto son rubíes, declara con énfasis el joven hermoso que sonríe al mostrármelo. Es barato, un lujo barato, pero no traigo dinero y no aceptan tarjetas de crédito, sólo moneda contante y sonante. Me entristezco, demasiado quizá. Recuerdo hace cuatro años en Bangalore, me compré un anillo con un rubí; luego fui a otra tienda, con el anillo recién comprado puesto: me ofrecieron diversas mercancías, pero no compré nada; el dueño me dice, airado: Madame, I am afraid to tell you that your ruby is of the very worst quality.

Mis compañeros de viaje esperan impacientes a que salga de la joyería; cuando lo hago me miran con reproche, han es-

34

perado a pleno sol, en medio de un intenso ruido, del incesante tráfico peatonal y olores nauseabundos.

Atravesamos la vieja ciudad, una escalera rojiza e imponente la divide de la nueva, es la mezquita Jama Mazjid construida por el rey mogol que también construyó el famoso Fuerte Rojo. A la entrada hay que quitarse los zapatos, entrar descalzos, con calcetines o con unos botines de plástico negro que venden a la entrada; a las mujeres las visten con unas batas floreadas de colores magníficos para que no insulten con sus brazos desnudos al Profeta. El espacio es inmenso, varios corredores con altares que miran hacia la Meca reciben a los creyentes, los mismos hombres sudados que antes circulaban por el mercado de la vieja ciudad están ahora tirados sobre los tapetes de vasta jerga, descansando. Otros hacen abluciones, se prosternan, las musulmanas se lavan los pies. El contraste es maravilloso, de la contaminación de gente, ruidos, polvo, basura, mierda, orines, se pasa a este espacio en verdad sagrado donde la paz reina, sin artificios, sencillamente.
El verdadero lujo.

Caminamos un buen rato hasta encontrar una calle donde puedan circular los ricshos; tomamos tres y en medio de tumbos y sobresaltos, bocinas y embotellamiento, ligeras colisiones entre vehículos y discusiones a voz en cuello, regresamos al hotel situado en la Nueva Delhi con sus anchas avenidas arboladas y menos tráfico. En una esquina aparece un niño, me dice mami, nos ofrece un objeto indescifrable, no le compramos, nos insulta y golpea el vehículo. En el próximo semáforo se nos acerca un travesti, es un eunuco vestido de colores fulminantes, la boca color púrpura encendida, ofrece unos papelitos color estraza cuyo significado no pude descifrar. Me explican que si no les das dinero, te maldicen. ¡Estoy maldita!

Qtub Minar en la vieja Delhi es una torre alargada de setenta y dos metros y medio, hecha con piedra arenisca, rojiza, construida en una enorme explanada; con intrincados labrados, exhibe hondas inscripciones de suras del Corán y es quizá uno de los primeros edificios de la India musulmana, más o menos por el año de 1109. La torre hacía oficio de minarete y simbolizaba la llegada de la fe islámica a los confines orientales; con sus arquerías minuciosas y complicadas, la mezquita sagrada —hoy casi en ruinas— fue construida con restos de veintisiete templos hindúes y jainitas; en sus celosías pueden admirarse, superpuestos o contiguos, signos caligráficos islámicos y la característica flor de loto hindú.

Busco los servicios. Desciendo por una escalera de piedra roja en forma de caracol: un olor parecido al del ácido sulfúrico me provoca arcadas irreprimibles, como si durante diez siglos se hubiesen reconcentrado en ese sitio los orines de generaciones y generaciones de descendientes del Profeta.

Los indios defecan en todas partes, denunciaba Naipaul, antes de ganar el premio Nobel, lo hacen junto a los rieles de las estaciones del tren, en las playas, en la calle y nunca tratan de ocultarse, asegura…. Se habla muy poco de estas siluetas acuclilladas. Eternas y emblemáticas. No se las menciona ni en los libros, ni en las novelas, ni en las películas ni en los documentales. Podría creerse que es un intento por embellecer la realidad y este deseo sería comprensible. Pero otra es la verdad, en realidad los indios ya no advierten siquiera a esas figuras agachadas. Serían igualmente sinceros, concluye nuestro novelista, si negaran su existencia.

Pero Naipaul olvida un libro fundamental, escrito hacia 1930, se trata de Intocable (¿podrá el título traducirse así, o será mejor traducirlo como Paria?) de Mulk Raj Anand, escritor nacido en Peshawar y perteneciente a una de las altas castas, la de los comerciantes; en él relata un día de la vida de Bahka, limpiador de letrinas, obviamente un paria, cuya condición es aún peor que la de los esclavos, reitera en su prólogo E.M Forster: el esclavo puede cambiar de amo, de trabajo y aun conseguir su libertad, pero el limpiador de letrinas está encadenado para siempre, le es imposible salir de su condición, está excluido de la comunidad humana y carece hasta del consuelo de la religión. Puede ser, pero estas frases del novelista inglés tendrían que matizarse hoy: la movilidad social permite a algunos parias ocupar lugares preponderantes de los que antes estaban totalmente excluidos.

Para la religión hindú, los excrementos son agentes de polución ritual y su limpieza está reservada a las castas inferiores, explica por su parte la antropóloga Mary Douglas...

¿Sigue siendo cierto? ¿Se terminará esta esclavitud cuando se vuelva universal el uso de los escusados modernos en los que basta tirar de la cadena para que las inmundicias desaparezcan?

ℛ◆℘

Hemos llegado a Agra desde Delhi... Nuestras maletas esparcidas por el andén, gente por todas partes: como las valijas, son objetos desparramados por el suelo. Algunos pordioseros piden limosna. Nos han prevenido que si se las damos provocaríamos un tumulto.

Miembros, harapos y sombra se confunden, escribe Pasolini.

Los andenes de la estación del tren están repletos de mujeres sentadas o tiradas en el suelo, para caminar hay que esquivarlas; en conjunto y vistas desde la ventanilla del tren, se parecen a los lienzos de colores que las mujeres de Varanasi colocan junto a los muelles del Ganges para secar su ropa al sol. Han llegado desde muy lejos para asistir a una ceremonia religiosa.

Aparecen tres hombres esqueléticos, su delgadez es parecida a las mujeres anoréxicas de las revistas de moda, cubiertos con harapos y un turbante deslavado (los indios suelen tener las cabelleras más hermosas del mundo). Toman nuestras maletas, pesan más de cien kilos: aunque parezca imposible las colocan sobre sus cabezas: cada uno soporta un peso inconmensurable, mientras recorren la estación y suben y bajan interminables escaleras. Desvío la mirada, avergonzada, vislumbro la misma expresión en los ojos de mis hijas, la adivino reproducida en cuatro pares de ojos más. Renata se descompone, me da miedo que vaya a desmayarse. Alina y Raúl toman fotos y se relajan. Avanzo, sigo a los cargadores en cuyos cuellos las venas casi revientan; sus ojos miran con dulzura; de inmediato recuerdo a los cargadores de mi infancia: transportaban el piano vertical comprado por mis padres para que sus hijas lo tocaran y cumplieran el ritual establecido entre las familias de la pequeña burguesía.

(En la India, reitera Pasolini, la vida tiene los caracteres de la insoportabilidad: no se sabe cómo es posible resistir comiendo un puñado de arroz sucio, bebiendo un agua inmunda, bajo la amenaza constante del cólera, del tifo, de la viruela, hasta de la peste, durmiendo en el suelo o en viviendas atroces.)

Fuera, la habitual camioneta nos depositará en el hotel; mañana iremos a visitar el Taj Mahal, la décima maravilla del mundo. Junto al transporte esperan varios individuos, el chofer, su ayudante y un simulacro de hombre, apenas rebasa el suelo. Es sólo un torso, carece de extremidades, pide limosna, le entrego un billete de cien rupias. Es un muñeco de utilería cuando se levanta: recupera por arte de magia o de cirquería su propio cuerpo. Desaparece ágilmente... como los cuervos, omnipresentes en la India con su cantar de ciegos...

podría describirlo,
¿tenía nariz ojos boca oídos?
¿tenía pies cabeza?
¿tenía extremidades?

ₓ◆ₒ

De noche, Varanasi, que antes se conocía como Benares, es una ciudad espléndida, aun más cuando la luz eléctrica falla de repente, la luna llena ilumina las escalinatas de mármol y los templos y palacios adquieren una realidad fantasmagórica. Barcas fuera del agua, pintadas de blanco y azul, son vestigios arqueológicos de edades muy remotas, coexisten con la realidad. Los siglos se encaraman los unos sobre los otros, como los edificios. He comprado unas postales antiguas cerca de una tienda donde me remiendan con rapidez y perfección una blusa ¿serán las fotografías de finales del siglo xix o de principios del siglo xx? Los edificios que allí aparecen son suntuosos, los ghats (literalmente muelles o desembarcaderos) casi vacíos y muy limpios, el río tranquilo, la ciudad serena, impoluta, armoniosa.

El artista japonés Kenzo Izu recorrió en 1996 varias ciudades sagradas en el extremo oriente, entre ellas Varanasi y Sarnath. No usa cámara digital, revela sus fotos con procedimientos tradicionales y las imprime sobre un papel de arroz especial que les otorga una transparencia casi mágica: es de noche, brilla la luna, la gente duerme, el río es de verdad sagrado, unas pequeñas barcas encallan en la arena, un templo clásico repleto de esculturas en sus numerosos cuerpos superpuestos y rematado por dos medias lunas me recuerda extrañamente las postales que he comprado, la noche corrige los defectos, limpia los olores, dignifica y permite que dos tomas tan distantes en el tiempo se hermanen y resuciten el esplendor de la ciudad y la sacralidad del río.

Izu explica: Observé la cremación de un cuerpo por primera vez en mi vida. Se dice que los devotos del hinduismo sueñan todos con ser incinerados en las orillas del santo río Ganges en Varanasi. Se necesitaron tres horas y media de tiempo para que la cremación del cuerpo, cubierto de tela de color y flores, se llevara a cabo, hasta que uno de los ancianos de la familia arrojó los últimos pequeños restos al río. Después la familia se marchó hablando animadamente, vino un guarda y barrió las cenizas del terreno donde había tenido lugar la cremación. Nada quedó. Y concluye diciendo: Esa tarde, permanecí junto a un templo hindú abandonado que se inclinaba sobre el río mientras esperaba que se pusiera el sol. Una vaca vino lentamente y se fue. Unos cuantos barcos pequeños iban a la deriva en el río. Cuando los últimos rayos del sol poniente dieron en el templo inclinado, experimenté la atmósfera una vez más. El ruido de la calle detrás de mí se desvaneció.

℘ ✦ ℭ

Nosotros caminamos, evitando pisar la boñiga de las vacas. Van coronadas de moscas, como Io, la joven semidiosa griega: celosa por el deseo que su belleza y juventud despertaban en Zeus, Hera la transformó en ternera, acosada por los tábanos: voraces aladas, sedientas bestezuelas, infamantes ángeles zumbadores la perseguían. A quienes llegamos de fuera y las vemos caminar por las calles, nos parece que las vacas son inútiles: muy flacas —se les puede contar las costillas—, mueven incesantemente la cola para espantar a los insectos que se las comen vivas; casi no tienen leche y su carne está prohibida a quienes profesan la religión hinduista. En el campo se las adorna con guirnaldas de flores rojas o anaranjadas y borlas de colores. Cuando se enferman, los campesinos rezan como si alguna de sus hijas fuera a morir y cada vez que nace un becerro se hace —¿o se hacía?— una celebración presidida por un sacerdote. En Udaipur, se estacionan como los coches junto al lago y allí pasan la noche: tienen dueño, pero no establo. ¿Có-

40

mo lo tendrían en un país donde la gente se hacina en las aceras para poder dormir?

> sólo recuerdo al animal más tierno
> llevando a cuestas
> como otra piel
> aquel halo de sucia luz

⁊◆ℭ

La sacralidad de las vacas parece sospechosa; muchas han dejado de ser rumiantes campiranas para convertirse en rumiantes citadinas; deambulan por todas partes, se han convertido de verdad en city people: como cualquier indio de la clase baja, viven a la intemperie y en la ignominia. Escuálidas, su piel es cenicienta y desgarrada y, como los parias, se alimentan de los desechos que las otras clases van arrojando por allí. En Calcuta pude comprobar con mis propios ojos cómo cambiaban en un santiamén de estatus: los campos invadidos por las ciudades se transforman en suburbios y los animales domésticos, como los albañiles que construyen los fraccionamientos en los alrededores, sobreviven al lado de las carreteras, en los camellones o en las calles. En el campo puede ser distinto, su vida es más amable y se las venera. Es bueno reiterarlo, aunque no sean comestibles para los hindúes, son siempre y han sido una fuente de energía, dan leche, alimento esencial aunque precario; paren a los bueyes, indispensables en los lugares donde se carece de maquinaria moderna, con estiércol de vaca o de búfalo se abonan los campos, se hacen ladrillos para los muros y se alimentan sus hornos y braseros y hasta sus crematorios.

⁊◆ℭ

Costumbre milenaria en varios países en vías de desarrollo —o emergentes. Empieza a difundirse apenas ahora en occi-

41

dente: hace poco la BBC difundió una noticia importante en este momento en que la crisis alimenticia se hace cada vez más grave, debido al uso de alimentos para producir combustible. Un ingeniero quizá indio de origen, Mohammed Saddiq, que trabaja para una firma inglesa, desarrolló en Bristol un automóvil que funciona con gas metano.

¿Cómo?, pues, simplemente, como funciona la bosta de las vacas en la India: ¡De la boca al estómago. Del estómago al inodoro. Del inodoro a la cloaca y de la cloaca… al automóvil, explica Saddiq! En pocas palabras, éste es el procedimiento para producir combustible limpio del que se abastece el vehículo. Si hacemos a un lado las diferencias internas que le permiten rodar con metano, es igual a cualquier auto común y corriente. Se trata del «Bioescarabajo», el primer auto diseñado por ingenieros británicos que funciona en Inglaterra, China e India; con un hidrocarburo generado por los excrementos humanos y otros desperdicios orgánicos que van a parar a las cloacas. Saddiq insiste en que este tipo de coche puede alcanzar la misma velocidad de uno normal. Al andar tampoco se sienten diferencias y para saciar la curiosidad de muchos se confirma que, pese a que las heces y otros desechos son la materia prima de su combustible, el tubo de escape no despide ningún olor desagradable. Sirvió como antecedente una planta de tratamiento de aguas residuales que produce biogás. Las aguas que llegan allí a través de las cañerías de Bristol son sometidas a procesos de filtración y se depositan luego en unos gigantescos digestores anaeróbicos. Este lodo recibe calor, y sin oxígeno, las bacterias de la materia orgánica se descomponen y producen energía. Como la planta proporcionaba más gas del necesario, la empresa encargada de las instalaciones decidió aprovechar el sobrante y nació la idea de crear un automóvil que funcionara de esa forma.

En la India circulan coches y motos con motores destartalados; allí la mierda humana y animal es común y corriente.

Sí, la India es un país horrendo y maravilloso, epítetos que repetimos invariablemente los que viajamos, país que deja huellas inolvidables, lugar común que podría leerse en un Reader's Digest cualquiera. Lugar común evidente y ¿por qué no?, verdad sagrada. En Varanasi, como en Delhi, en Bangalore, en Agra, en Hyderabad, en Mumbay, el mismo polvo, el mismo caos, la misma contaminación, la misma mierda, el mismo olor a orines, a curry y a gasolina requemada, las infaltables vacas, todo se repite: los perros sarnosos (Tú eres el perro, tú eres el desollado can de cada noche, sueña contigo mismo y basta...), los puercos color carbón hozan en la basura color carbón, los leprosos desdentados y brazos o piernas vendados, los mosquitos, las ratas, los ricshos de todo tipo, el polvo, los cables de electricidad entreverados, los intrincados árboles de ramas inverosímiles (el nin, el banián, el argún) ¿los mutilarán o los talarán pronto para darle lugar a la gente que duerme en las aceras?); también, como siempre, las familias enteras sobre una bici o una moto, las mujeres sostenidas en el asiento, sin atreverse a tocar a sus maridos; los monos, los pericos, algún camello, las intocables vestidas de andrajos y con su escoba de paja en la mano.

Varanasi en la ribera del Ganges, río sagrado; los muelles llenos de gente, aureolados por altos palacios y templos de los siglos XVIII y XIX muy deteriorados, recuerdan la suntuosidad y también a la mosca que desova en el hilo de luz, la verdadera luz habita su legaña, esa luz decadente parecida a la de Palermo en Sicilia o a la de Cap Haitien en Haití, ciudad ya derruida antes del terremoto de la primavera de 2010. Sin embargo, si se observa con un poco más de atención, cada uno de los ghats es diferente y ocupa un lugar especial en la geografía religiosa de la ciudad. Al amanecer empiezan los rituales. Se oye el sonido de las campanillas que llaman a la oración matinal, los santones, solitarios, sucios, con sus ropas azafranadas o naranja y el pelo grasoso, se desplazan rezando; hay otras sectas que se visten de negro, con el torso desnudo, caminan descalzos y en grupo, rigurosamente separados del otro sexo; los he visto en muchos de los lugares que he visitado, por ejemplo en los templos de Belur, en Karnataka, provincia sureña de la India; son esqueléticos, barbudos y de mirada ausente, la costra grasosa de su ropa es milenaria. En Varanasi algunos santones son antiguos hippies estadounidenses.

Una amiga mía tuvo un novio indio, aspirante a santón, muy guapo, sus ojos verde-azulados, el cuerpo esbelto. A diario va al Ganges, llena un vaso con agua sagrada y la bebe, antes de iniciar sus labores cotidianas. Su salud es perfecta.

Las mujeres se acercan también al río, ofrendan flores y lavan la ropa, golpeándola contra las piedras de los muelles, la enjuagan en el río sagrado y extienden los lienzos de colores para secarlos al sol.

El escritor brasileño Graciliano Ramos asegura que se debe escribir como las lavanderas de Alagoas (¿o las de Varanasi?) realizan su labor. Escribe: ...ellas comienzan con una primera lavada, mojan la ropa sucia en la orilla de la laguna o del riachuelo, estrujan las telas, las vuelven a mojar, las vuelven a estrujar. Colocan el añil, enjabonan y estrujan una, dos veces más. Después enjuagan, dan otro remojo más, ahora echando agua con la mano. Golpean la tela sobre la laja o sobre la piedra limpia, y vuelven a retorcerla una y otra vez, la estrujan hasta que del paño no escurra una sola gota. Sólo después de hacer todo esto extienden la ropa lavada para que se seque. Quien se ponga a escribir debe hacer lo mismo. La palabra no fue hecha para adornar o brillar como un oro falso; la palabra fue hecha para decir.

Las lavanderas de Varanasi distribuyen la ropa recién lavada sobre las lajas de los muelles que bordean el Ganges: cuando de mañana se baja rumbo al río, los retazos de tela coloreados adquieren la densidad de un cuadro de Matisse.

Kenro Izu visitó en 1996 el legendario sitio donde alguna vez se levantó una gran civilización del hinduismo, la de Vijayanagar en Hampi, reino fundado en el siglo XIII y destruido en el XV por los musulmanes. De él sólo quedan en pie un templo intacto, aún en culto —sitio de peregrinaje—; en la foto destaca una gigantesca estatua del toro de Shiva y varias ruinas esparcidas en una desolada comarca campesina. V. S. Naipaul piensa que el tipo de religiosidad practicado allí durante los dos siglos de esplendor de la región había llegado a su ocaso cuando fue conquistada y sus ritos degenerado en un hinduismo popular que suele fácilmente acabar en la barbarie, aunque en la época de su florecimiento haya sido una civilización de cuento de hadas; un reino donde el oro caía como lluvia de los cielos, tan rico que las perlas y los rubíes eran vendidos en el mercado como grano. Estos recuerdos de Naipaul que resumo aquí resuenan extrañamente en mi memoria, la India destruida, polvorienta, lodosa y escatológica de hoy se desdobla: detrás de la miseria y la incuria se esboza el aura de una atmósfera casi milagrosa.

Los monumentos de Vijayanagar rodean la ciudad de Hampi en la India central, añade por su parte Izu al comentar su foto, cuyo ángulo fue habitualmente bien escogido; sólo toma una de cada lugar, desecha la tecnología digital y por ello el resultado es una imagen única; el sitio representado es extraño, enormes bloques de piedra esparcidos por la ladera rocosa.

Le di a este lugar el nombre del campo de juego de Krishna, confiesa Izu, como si el dios hindú, famoso por su jovialidad y fortaleza, hubiera estado jugando con esas rocas, como un niño con sus bloques de juguete. El Imperio y la cultura de Vijayanagar florecieron en el siglo xv y los numerosos templos, grandes y pequeños, que fueron construidos utilizando estos bloques de piedra de la montaña misma, parecen característicos de la fe hindú y su integración con la naturaleza. Según el hinduismo, incluso el Buda es uno de los diez dioses hindúes. Y concluye diciendo: cuando pienso en el mundo caótico de la India me convenzo de que el éxito de la fe hindú descansa sobre esta flexibilidad y la generosa aceptación de las diferencias.

❧ ✦ ☙

Muy temprano abordamos las barcas que navegarán por el río y nos conducirán a los crematorios. Vamos silenciosos, medio dormidos. Nuestro guía, uno de los peores que nos hayan tocado, es prepotente, tramposo y charlatán.

Leo que hay varios tipos de incineración, según la escala social y económica del fallecido; para los más pudientes se utiliza madera de buena calidad (quinientos kilos de madera son necesarios), mezclada con la de sándalo (hoy aun más caro que el oro); en la siguiente categoría se usa la madera corriente o la bosta de las vacas, magnífico combustible que arde mejor que la propia madera; y los que no tienen vacas ni tampoco búfalos o siquiera dinero para comprar el excremento son quemados parcialmente. Los indigentes son arrojados al río, donde los esperan los voraces buitres que ahora empiezan a escasear. De acuerdo a estas categorías, continúa diciendo el guía, podrían utilizarse distintas tarjetas de crédito según la cantidad de dinero de que se disponga, los entierros más económicos corresponderían a una tarjeta ordinaria, los medianos a una dorada y los más lujosos a la de color platino. Para rematar el símil describe la cremación no como uno de los ritos más sagrados de la vida de un hindú, una liberación del ciclo de la vida, sino como la posibilidad de obtener una green card o carta de residencia para vivir en los Estados Unidos. El desengaño

46

es mutuo; furioso porque no apreciamos en lo que vale su metáfora, le ordena al remero que nos desembarque en uno de los ghats más importantes. Las lozas del piso son desiguales, y a punto de caer de bruces sobre un cadáver a medio quemar, el humo nos sofoca y el olor se nos adhiere a la piel. ¿Por qué estaré tan mareada?, pregunto. Mis compañeros me miran con ironía.

De regreso al hotel, empezamos a devorar nuestro desayuno, ¿semejantes a las bestias que roen los despojos de los cadáveres en los crematorios?

ℰ✦ℬ

Los papalotes de colores vuelan sobre el río.

ℰ✦ℬ

A las seis de la mañana vuelvo salir de mi hotel, el Ganges View, donde he parado en ésta mi segunda visita a la India. Volveré a subirme a una barca, navegaré por las riberas del Ganges y veré al amanecer el humo que sale de las hogueras donde se crema a los muertos. Al lado, en el Assi Ghat, varios mendigos sentados sobre camas de madera, las mismas que pueden verse a lo largo de todas las carreteras o en las calles de los barrios más poblados de Delhi, Bombay (Mumbai) o Calcuta (Kalkotta) que luego visitaré en 2010. Aquí en Varanasi y en Delhi y en Bangalore y en Mysore y en Hyderabad y en Sarnath, en Arungabad, en Ajanta, en Ellora, en Elefanta, pero sobre todo en Varanasi, los mendigos extienden las manos y las sostienen en el aire como si fuesen estatuas; se han ennegrecido con el tiempo; quizá son oscuros desde que nacen, pero la intemperie perfecciona su color. Esas manos suplicantes me sobrecogen, paso a su lado y evito mirarlas, pero de su cuerpo surge un sonido extraño, sibilante, exhaustivo, anormal: me obliga a mirarlos, me repugnan y entro de inmediato en un

47

estado de sopor. Mi amiga Francesca que vive desde hace varios años en la India me sacude y me ayuda a caminar por el ghat y a entrar en la lancha. La impulsa un remero delgado, de color ceniciento como el río, habla un inglés incomprensible. No vi lanchas de motor en el Ganges, las barcas van conducidas por hombres extremadamente delgados. El río es muy ancho, en las orillas y en los escalones de los muelles, viejos barbados, enjutos, casi desnudos, empapados, hacen sus abluciones y adoran al sol, luego, entran al agua, vuelven a bañarse en el agua sucia y sagrada. Hay quienes se lavan los dientes enrojecidos o ennegrecidos por el betel, dicen que purifica el aliento.

En Calcuta vi cómo un hombre junto al Ganges (en su transcurso más estrecho y aún más sucio que en Benares) se prosternaba y rezaba con gran devoción como si estuviese solo, a su alrededor, animales, gente, desechos, flores marchitas. Algunas mujeres también se prosternan. Como de costumbre, la ropa recién lavada se extiende sobre los escalones, colocan una pieza junto a la otra en grandes cuadrados de telas coloridas, formando un brillante rompecabezas. En otro, las telas son de un azul muy intenso, casi moradas.

Junto al Ganges View, una tienda vende estatuillas de madera, reproducen esas escenas (varias habitaciones como trastienda con millares de objetos superpuestos: huele a moho). En Varanasi las obras de arte son muy variadas, hay estatuas pequeñas, medianas y grandes: Durga la de los muchos brazos (Deva tiene mil), Krishna con su cara azul, brahmanes celebrando un rito, músicos y danzarines, titiriteros, hombres adorando al sol, mujeres lavando ropa junto a niños que se sumergen desnudos en el Ganges ¿los dalits o parias no se representan? Además, objetos de bronce, lámparas como las que cuelgan del techo de las habitaciones del hotel donde nos hospedamos, son redondas, parecidas a las esferas de cristal que usan las adivinas; su cristal es de colores y en la punta cuelga una especie de dije; van protegidas por un armazón de bronce. En la habitación y pintados al fresco se admiran frisos adornados con flores, pájaros y mariposas revoloteando.

Pequeños cuadros antiguos con perfiles de mujeres muy hermosas con la nariz horadada; llevan una joya que cruza su cara, les llega hasta la oreja gracias a una cadena de oro muy delgada, son casi idénticas a las que aparecen en las famosas miniaturas de los siglos XVII y XVIII, mismas que siguen pintándose en Jodhpur para el consumo de los turistas.

En el vestíbulo del edificio —muy hermoso— juegan los perros chihuahua del propietario, son negros y altaneros. Cerca de mi habitación una ventana da a un pasillo que comunica con una veranda, mira hacia el río: la vista es ideal, no se alcanzan a ver los mendigos; hay dos sillas de madera y una mesita con una bandeja de metal donde desayunamos, a pesar del calor matinal que ya anuncia el bochorno de la tarde.

A mediodía, comida vegetariana, té, postres no muy dulces. Los aprendices del budismo comen virtuosamente. Conversamos con una pareja de italianos muy jóvenes, guapos y turistas normales como nosotros: un verdadero alivio.

ຂ) ✦ ∞

Para los que siguen viviendo, explica un alto sacerdote hindú, el cadáver es fuente de impureza. Para protegerse de ella, los familiares del difunto hacen cantidad de gestos, recitan oraciones... El cuerpo del muerto se lava primero; después, si es varón o si es viuda, se envuelve en un lienzo blanco y el resto de las mujeres en una sábana roja. La familia, en casa, recita las oraciones a su cabecera. Terminados los rituales se deposita al muerto en unas parihuelas de bambú para llevarlo al lugar de la cremación. Sólo la familia puede asistir a la ceremonia.

Las piras funerarias arden a lo lejos, el humo sube en línea recta, se reconoce de inmediato el penetrante olor a carne humana cuando arde; adivino que se han levantado otras hogueras. Desde el río se contemplan las callejuelas espléndidas y ruinosas de uno de los barrios aledaños: pequeños templos en casi todas las esquinas, con toscas estatuas coloridas, a

49

veces grotescas, sobre su cuello guirnaldas de flores rojas y amarillas. En los muelles, vendedores de flores y velas, guirnaldas y barquitas de papel que se arrojan al río como una ofrenda.

Con Myriam Moscona he comprado tarjetas postales: febrero de 2010. Muestran los palacios edificados en los siglos XVII y XVIII en todo su esplendor: en los muelles y en las calles la gente va vestida suntuosamente.

Hoy es la devastación: la devastación sigue siendo bella.

ဿ❖ဿ

Pero con la realidad no se juega. Es época de festivales; las calles repletas, tanto, que es necesario circular a pie. En un crucero, todos los vehículos se detienen, las motos, las bicicletas, los coches, no hay autobuses, sólo algunos carritos diminutos que transportan a varios niñitos vestidos como escolares, sus ojos son muy negros, me recuerdan a los niños de las escuelas en Haití. Seguimos a pie, casi no hay banquetas, están cubiertas de tierra apelmazada y de basura.

Quiero comprar un collar de plata y nos han recomendado un sitio en particular. Es una joyería muy grande situada en la esquina de la calle principal, la que conduce al ghat más importante: en el centro, varios mostradores con vitrinas de cristal forman un gran cuadrado; dentro, los vendedores sentados en sus sillas sacan estuches de las distintas vitrinas. Los clientes toman tazas de té (algunos muy gordos ¿será la prosperidad?) Acomodadas en mullidos sillones, familias enteras miran con atención las mercancías colocadas sobre la cubierta de cristal de los mostradores alineados cerca de la pared, circundando el local: pulseras, aretes, suntuosos collares de oro y piedras preciosas sobre plataformas de madera recubiertas de terciopelo de color morado, chocolate, granate, negro. Las joyas refulgen, un lugar común, pero no encuentro mejor palabra para describirlas. Me aproximo y pregunto por las pul-

50

seras y los collares de plata, el vendedor mueve apenas el rostro y con un vago gesto me señala un mostrador en la esquina más apartada del local. Al llegar, pregunto de nuevo por la plata; con un gesto de desprecio, el hombre dice rápidamente en inglés con marcado acento indio que están muy ocupados, que regrese al día siguiente. Quedo anonadada.

En la caja nos encontramos con una pareja de occidentales, vestidos a la india. Hermosísimo él, Francesca murmura: parece Cristo, y tiene su edad, como el Mesías; su barba es clara, rizada —supongo que muy suave— y el cuerpo esbelto. Ella es canadiense, fea y delgada; se encorva, lleva puesto un sari tradicional de algodón azul oscuro y blanco, en la frente un bindi, el lunar rojo de las mujeres casadas; una raya también roja dibujada en medio del pelo partido en dos crenchas lacias y anudadas detrás de la cabeza. Él, estadounidense, ha llegado a la India desde muy niño y habla perfectamente el hindi, idioma de esa zona. Nos miran sonriendo y nos explican la razón de tan extraño e inusitado maltrato: es época de fiestas y muchas parejas jóvenes van a Benares a casarse, los padres de las novias compran las joyas que corresponden a la dote: quienes tienen hijas deben entregarla a costa de arruinarse con deudas muchas veces vitalicias. ¿Por qué perder el tiempo en venderme un collar o una pulsera de plata si pueden venderlos en oro y piedras preciosas? Los demás clientes cumplen sus deberes sagrados durante las fiestas y compran los regalos obligatorios para esa ocasión.

Más tarde volveremos a encontrarnos con estos jóvenes en las callejuelas aledañas, son amigos de los comerciantes de telas, los vendedores de alimentos y hasta de los perros, los animales quizá más despreciados en esos lares. Un puesto exhibe montones de polvos de colores, tan variados y bellos como los de los saris de las mujeres: amarillo cromo, tierra negra, blanco de zinc, amarillo limón, ocre, ámbar, siena, ultramarino, lápislázuli, escarlata, bermellón, verde seco, verde bandera, azul añil, azul cielo, magenta. El vendedor es muy joven, sonríe, enseña los dientes, lo repito: son perfectos, muy blancos. La mujer me lleva a un puesto de telas y se despide. Me compro una tela azul con un estampado clásico. De regreso a Delhi se lo entrego al sastre musulmán que le confecciona su ropa a Francesca. En tres días me entrega dos kurtas —túnicas que llegan a las rodillas— con sus pantalones —piyamas— y dos pañuelos, la tela es bellísima pero de mala calidad, el sastre ha hecho maravillas con la trama: nunca he podido usarlas, la tela es dura, almidonada y áspera. Me da una gran lástima, son de verdad unas obras de arte.

Hay tanta gente por las calles que no se puede transitar. En breve iré a Jodhpur donde acaba de producirse una catástrofe, miles de peregrinos amontonados en las aceras han muerto aplastados en una estampida provocada por una falsa señal de alarma.

₭♦⃳

En Benares, Varanasi, Banaras, las piras arden, el humo se levanta, el olor se esparce. Entre las callejuelas espléndidas pero devastadas de uno de los barrios aledaños, pequeños altares en casi todas las esquinas, con toscas estatuas de colores estruendosos, adornadas con guirnaldas de flores rojas y amarillas, algunas vacas echadas sobre la acera impiden el paso de quienes intentan transitar por esos rumbos. Una mujer vestida con un sari color bermellón reza, llora e increpa a Shiva; varios fieles impiden el acceso a un conjunto de templos, pasa de repente una cabra, las perras sarnosas dejan caer sus tetas purulentas.

Llegamos a una tienda de sedas ubicada en un segundo piso; nos ha llevado nuestro guía con el pretexto de que sólo desde allí puede admirarse la cúpula de la mezquita Dorada. El barrio está sitiado; ha habido, nos dicen, reyertas entre hindúes y musulmanes. Le ofrezco loción antibacteriana al dueño de la tienda, después de rehusar cortésmente algunas de sus mediocres pashimnas o los géneros de seda ordinaria; me mira furioso, y me dice con gran desprecio, ¡señora, no se imagina

52

usted cuán limpias tengo las manos! Por todo eso, durante la visita nocturna que hicimos a la ciudad, para asistir a un festival de claro perfil jolivudesco y al uso de los turistas extranjeros, despachamos a nuestro guía y recorrimos ya solos varios de los lugares que durante la mañana habíamos avistado desde la barca. (Parece que esa detestable costumbre, la de montar espectáculos al estilo de Hollywood, se ha extendido a otros ghats, por ejemplo el Assi, frente al hotel Ganges View, hasta hace muy poco austero y auténtico.)

De noche, la ciudad es espléndida, aún más cuando por una falla la luz eléctrica se apaga de repente; la luna llena ilumina las escalinatas de mármol y los templos y palacios adquieren una realidad fantasmagórica. Caminamos con cuidado para no tropezar con las enormes bostas de vaca que cubren los escalones de los muelles, admiramos los palacios, observamos los detalles y conversamos con un joven cuyo hobby —así lo llama— es platicar con los extranjeros que visitan ese extremo casi desierto de la ciudad. Estamos a un paso de un ghat donde también se crema a los muertos. Entiendo, nos dice, cuando el extraño y peculiar olor a carne humana quemada nos alcanza, que estas ceremonias puedan parecerles extrañas. Es hermoso sin embargo saber que nuestros parientes han logrado purificarse y sus cenizas descansarán en el Ganges. Regresamos también purificados, más conformes y adaptados a lo que estamos viendo y cuando llegamos a la escalinata principal que conduce a la ciudad, un espectáculo maravilloso nos detiene. Dos pequeños templos ocupan estratégicamente las dos esquinas de la calle, un bello joven practica alucinado una ceremonia, ayudado por un viejo despeinado y sucio (señalando al santón, nos dice un muchacho como de quince años: esos hombres no follan; se trata de Pablito, especializado en español y catalán para atender a los turistas que provienen de España o de América Latina). Los movimientos del sacerdote son delicados y sensuales; en uno de los altares está la estatua de Shiva, al lado la de Kali, la diosa negra y maligna. Al acabar la ceremonia, Pablito quien nos ha asegurado que no quiere vendernos nada, nos ofrece llevarnos a la tienda donde trabaja para enseñarnos las más bellas y delicadas pashminas y quizás hasta un chatush…

En su libro A las orillas del Ganges, el novelista austriaco Josef Winkler relata: …los cabellos blancos y grises del viejo inválido viudo estaban todavía sobre la piedra redonda del altar de las incineraciones, entre los fragmentos de carbón de madera y residuos de huesos calcinados. Como de costumbre, yo estaba sentado cerca de esa loza con mi cuaderno de notas abierto sobre las rodillas y observando los preparativos de una cremación. Le quité la tapa a mi pluma, algunas gotas de tinta azul cayeron sobre el escuálido tórax de una cabra gris y negra, adormecida cerca de mí, su respiración era frenética y movía la cola sin cesar, después de haber roído hasta saciarse un hueso humano a medias carbonizado.

ℰ◆ℬ

Cerca del crematorio principal, la orilla es amplia y sucia y sus lozas desiguales. El ghat conocido como Harishchandra es uno de los muelles principales; su nombre proviene de un rey legendario que abandonó su reino para vivir en esta ciudad como santón.

Josef Winkler nos cuenta que …con los brazos al aire, un joven de piel muy oscura, vestido de blanco, ahuyentó a gritos a un búfalo que empezaba a caminar sobre la ropa recién lavada y extendida sobre las arenas ardientes del ghat. Cerca de la baldosa flotaban guirnaldas de flores naranja en descomposición y algunos sudarios arrugados de tela sintética a colores. Tres o cuatro mariposas volaban sobre la hoguera, atraídas por las flamas y, con las alas enrojecidas y agujeradas, cayeron sobre el cadáver que ardía. Las bandas doradas del tejido sintético que amortajaba al muerto relucían al sol. Sobre la loza del hogar enteramente consumido y apagado saltaban varios pajarillos de un montón de cenizas tibias a otro.

Cada edificio esconde como en radiografía su futuro de ruina, dice más o menos Sebald: cito de memoria…

Los edificios principales de Sarnath —a unos cuantos kilómetros de Varanasi— están colocados simétricamente dentro del parque. Destaca la estupa llamada Dharma Chakra. Se dice que el Buda pronunció en ese sitio su primera oración: es una torre cilíndrica de treinta y cinco metros de altura, adornada con bajos relieves y estatuas. Circundándola, varios peregrinos, entre ellos algunas mujeres de edad avanzada; impresiona en particular una anciana que reza en voz muy alta totalmente ensimismada, se hinca y se prosterna una y otra vez dando interminables vueltas alrededor del monumento: ¿el éxtasis religioso en su estado más puro, la demostración perfecta de la más genuina devoción o un simple ejercicio oratorio cotidiano?

Un monje budista, miembro de un grupo de peregrinos estadounidenses, me ofreció té verde en un vaso del que habían bebido todos los miembros del grupo en 2005. Ni el té ni el deslumbrante sol del mediodia me hicieron daño. Conrado Tostado, agregado cultural nuestro, me había recibido en el aeropuerto cuando realicé mi segundo viaje a la India en 2008; en el mismo avión procedente de Francia venía en primera clase un gurú budista rubio y francés, fornido, canoso, de ojos azules, vestido con su tradicional atuendo escarlata y un brazo desnudo. Conrado lo saluda, emocionado, es uno de los más altos sacerdotes de esa religión que también él profesa.

Alrededor de la estupa, veo en este mi tercer viaje a varios peregrinos sentados en la banca de piedra circular que la rodea, están rezando con los ojos cerrados, devotamente. Sabemos que vienen de los Estados Unidos, de la ciudad de Nueva York, algunos son curadores de arte, otros son hombres de negocios, pero la mayoría son jubilados —¿será una profesión ésta, la de jubilado convertido al budismo? El gurú, un hombre canoso y delgado, pronuncia un sermón en ese lugar sagrado, en la cabeza un sarakof, reza con los ojos piadosamente entrecerrados: habitan en el mismo hotel y esta mañana, mientras desayunaba en la terraza del Ganges View los he observado sentados sobre una alfombra en posición de flor de loto y sin preocuparse de nosotros, simples turistas, recitando en voz alta oraciones en inglés, implorando al Buda.

ଚ୬ ✦ ୬ଚ

La santidad es atributo de Dios, su raíz significa separar. Todo estudio sobre la cosmología debería empezar por estudiar las nociones de poder y de peligro, asegura Mary Douglas en su libro sobre la impureza. Mediante la bendición, la obra de Dios consiste esencialmente en crear un orden gracias al cual prosperan los asuntos humanos. Dios promete que las mujeres, el ganado y los campos serán fértiles para aquellos que observen al pie de la letra los preceptos y cumplan con los rituales.

¿De cuál Dios estaremos hablando?

ଚ୬ ✦ ୬ଚ

Quizá no podremos viajar en avión. Estamos varados en la ciudad sagrada, a pesar de haber seguido con fervor, la noche anterior, los movimientos de un sacerdote grácil y joven que oficiaba una ceremonia frente a un templo situado a los costados de una calle cercana a los desembarcaderos. El joven imploraba a Shiva para que Kali, la Diosa del Mal, no causara daños. Su figura, como la de muchas deidades prehispánicas, es ambivalente, a veces se le conoce también como la Benevolente Diosa Madre...

El 24 de diciembre de 2004 decidí someterme a una sesión de masaje ayurveda, a las ocho en punto de la noche. En el hotel

56

semimoderno donde nos alojamos se brindan esos servicios. Me desvisto y una joven comienza a untarme el cuerpo con un aceite pegajoso (observación pleonástica, ¿pues cuándo el aceite no fue pegajoso?); mientras me soba con desgana, me cuenta sus desgracias: pertenece a una familia muy pobre, carece de oportunidades en la vida, me solicita dinero por ello y me ruega que le regale mi reloj. Sigue sobándome y restriega mi cabeza durante una hora; cuando termina repite su cantinela, es pobre, desgraciada, le pagan mal, vuelve a solicitarme dinero y me exige que le deje mi reloj. De mala gana le doy unas rupias; salgo furiosa, empapada y echa un adefesio, y sin resentir ninguna mejoría.

Pasamos en el hotel de Varanasi la navidad; almorzamos la previsible y especiada comida india, rodeados de turistas y de árboles de navidad; los mismos villancicos y canciones navideñas occidentales se oyen sin interrupción, mientras comemos nuestra sempiterna comida con sabor a curry: Jingle Bells, Jingle Bells, White Christmas... Unos comensales nos cuentan las aventuras de su viaje de Kurajaho a Benares por rutas inhóspitas y con clásico humor inglés nos predicen el mismo y fatigoso destino. Nos aprovisionamos de plátanos y de manzanas para el camino. De México he traído nueces de Castilla, piñones, nueces de la India, ciruelas pasas, lociones antibacterianas, toallas desinfectantes y pañuelos desechables a granel.

‟♦‘

Varias horas después sabremos que partiremos en una camioneta; recorreremos las carreteras de dos provincias de la India —Uttar Pradesh donde está Varanasi y Madhya Pradesh donde se sitúa Kurajaho—; nos explican que tardaremos aproximadamente de ocho a trece horas en llegar a los templos eróticos situados en la apacible aldea campesina que alberga los imponentes edificios. Esperamos aún largo tiempo en el hotel. Por fin, a eso de las dos o tres de la tarde, se nos concede el permiso para poder viajar de un departamento a otro: nos explican que el gobernador de Madhya Pradesh es enemigo del actual primer ministro: el castigo fue suspenderle los fondos y exigir un permiso a los viajeros para que puedan transitar de una a la siguiente región, o por lo menos ésa es la explicación que nos dan cuando preguntamos por qué se demoran tanto en conseguirnos un medio de transporte. Los miro con asombro y un poco de duda. Largas e insoportables horas de espera parecidas a las que tuvimos que aguantar en distintos aeropuertos cuando los vuelos eran suspendidos por razones diversas (en realidad por el mal tiempo). A menudo, cuando ya estábamos a punto de embarcarnos, uno de los oficiales del aeropuerto me hace abrir mi maleta y sacar mi reloj despertador provisto de su batería: lo ha confundido con una bomba.

Nos avisan por fin que podemos reanudar el viaje. Subimos a nuestro vehículo. Somos ocho. El chofer es delgado y hermético (la mayoría de los indios son oscuros y frágiles, sus ropas, insiste Pasolini, apenas recubren sus cuerpos parecidos a los de los corderitos).

El chofer que nos conduce de Benares a Kurajaho va concentrado en la ancha carretera; a medida que avanzamos se irá devastando poco a poco, dejando transitables sólo dos carriles. Los demás, llenos de guijarros, son ocupados por los camellos, las vacas, las ovejas, los monos, la gente sentada en el suelo o acostada en camas donde se descansa a la intemperie. Los monos y los hombres se acuclillan del mismo modo, igual que las monas y las mujeres cuando espulgan a sus retoños. De vez en cuando nos detenemos y los trabajadores de la carretera nos ofrecen agua. Sin poder soslayar un gesto temeroso declinamos el ofrecimiento y los rechazados hacen un gesto duro y pronuncian palabras que conforman una maldición: están varados, lejos de sus hogares, en un trabajo quizá para siempre inconcluso.

Seguimos más despacio a medida que avanzamos. El conductor cada vez más concentrado en el camino, se mantiene alerta masticando y escupiendo paan, el betel, esa hoja que tiñe de rojo los dientes y parecida en sus efectos a la coca, se considera como digestivo y crea adicción. La niebla se espesa y la carretera desaparece a vuelta de rueda. Yo distribuyo de cuando en cuando las nueces, los dátiles, las ciruelas pasas que he traído desde México y que a pesar de los comentarios sarcásticos de mis compañeros de viaje nos han salvado de morir de hambre (quizá exagero) durante esas esperas interminables a las que el azar nos ha conminado. El copiloto es un joven macilento, inútil y de mirada inexpresiva. Debiera haber funcionado como guía o como copiloto, no lo hace, es un inútil; para nuestra fortuna, ni siquiera habla. En este largo y neblinoso trayecto los guías nos han dejado solos: yo duermo a trechos con la boca abierta, dato que al saberlo me produce una gran consternación; los demás conversan, ríen, comen, se pelean, matan el tiempo o se lavan interminablemente las manos con las toallas antisépticas que he traído como si les sirvieran de amuletos contra cualquier desgracia. La carretera se pone cada vez más difícil, nuestra velocidad desciende a cada paso, de treinta kilómetros por hora bajamos a veinte, luego a diez, y después con enorme lentitud nos movemos literalmente a ciegas a cinco kilómetros por hora. De manera abrupta, el chofer cae fulminado sobre el volante, deja caer los brazos a los lados como si estuviese muerto. Una conmoción se produce entre nosotros, hay quien piensa que el chofer ha entrado en una especie de éxtasis religioso, otro lo apremia a gritos para que avance. Nos quedamos al fin callados o mejor dicho anonadados. El conductor permanece inmóvil, parece un cadáver, el copiloto apenas respira: un gran temor nos sobrecoge, estamos en medio de la niebla y de la nada. Pasan unos interminables minutos ¿veinte, treinta? Y de pronto, como si fuese totalmente normal, el chofer se despabila, se reincorpora, coloca una hoja de betel dentro de su boca y recomienza su lento y difícil peregrinaje.

A eso de las seis de la mañana aparece en medio del campo Kurajaho, el lugar más bello de la India, proclama Pasolini, es más, agrega, el único sitio que pueda decirse en verdad bello en el sentido occidental de la palabra. Los templos desparramados entre el verdor se ofrecen por fin ante nuestros ojos con sus cuerpos esculpidos donde hombres y bestias se abrazan, se acarician o copulan. Un hombre tiene comercio sexual con un elefante (me encanta la expresión), dos mujeres con un hombre, otro tiene en la boca un pene, hay también monos copulando...

Después de visitar los templos, Renata se hace amiga de unos campesinos; a la mañana siguiente, ella y Alina van desayunar a su casa. Regresan maravilladas de su hospitalidad y de la sencillez arcádica de sus costumbres.

Al lado de nosotros, en el restorán donde cenamos en Kurajaho, los empleados cuecen un pan sin levadura, dorado y extenso, un largo lienzo de tela delgada: nos lo ofrecen para acompañar el curry. Yo prefiero comer pollo al tandoori, marinado en yogurt, limón y otras especias: mi alimento habitual en la India. Mis compañeros añoran la comida china; aunque las detesto, a mí me gustaría comerme una hamburguesa.

ℝ◆℞

Más tarde, cuando Luz y yo viajemos solas hacia el sur, las carreteras estarán cubiertas de granos y semillas, las ruedas de los coches actúan como molinos. ¿Sabrá a gasolina su pan, el chapati, el nan o el puri?

ℝ◆℞

Esa misma madrugada, la del 26 de diciembre del 2004, mientras nos dirigimos en una camioneta hacia Kurajaho, un tsunami ha alterado para siempre las costas de varios países del

Lejano Oriente. Mientras recorríamos el camino accidentado que nos llevó desde Varanasi a Kurajaho, las costas de una docena de países de Asia (entre ellos el sur de la India) fueron afectadas por un tsunami que provocó doscientas veinte mil muertes… Los periódicos indios minimizaron de entrada el impacto; al principio casi no hubo menciones de lo acontecido y las noticias alusivas aparecían en caracteres muy pequeños en los diarios; mucho más importante fue reseñar las peripecias cotidianas de algunos artistas de Bollywood.

Con todo, el 10 de enero de 2005 The Hindustan Times publicó lo siguiente: …el tsunami destruyó acres de tierra, inservibles, tardarán cerca de cuatro años en volver a ser arables, subió el rango de salinidad, el mar cambió, los peces emigraron a otras regiones, nuevos tipos de peces aparecen, la profundidad del mar se redujo y avanzó cerca de veinte metros en algunas áreas.

ᘒ✦ᘓ

La protagonista de la novela de Agatha Christie, Linett Ridgeway, desciende de su Rolls Royce color escarlata, visita su nueva mansión, Malton-Under-Wode, reconstruida a todo lujo en el lugar que antes ocupara la de un arruinado lord inglés. Es joven (veinte años), guapísima y, obvio, glamorosa. Usa un collar de perlas inverosímiles por lo enormes, luminosas y perfectas; ¿lujosas?, no, son demasiado verdaderas, demasiado exactas, sobrepasan cualquier concepción ordinaria que tengamos del lujo, en general, objeto de museo, por ejemplo, la joya que representa a un eunuco cuyo cuerpo lo compone una sola perla barroca y enorme, sus ojos de esmeraldas, la boca de rubíes y los dientes de perlas, como en los versos de Lope de Vega o los boleros de Agustín Lara. Explico la diferencia: la joya recién descrita representa a un eunuco, perteneció al sultán Ahmed iii y se exhibe en el Palacio de Topkaki en Estambul, junto a múltiples otras del sultán quien acostumbraba sentarse en un trono de oro recamado de esmeraldas, rubíes, topacios y zafiros, sobre un cojín de seda bordado enteramente de perlas (nota: suntuoso pero incómodo). El collar de Linnet, en cambio, es una prenda de uso diario (claro, si se es millonaria y si se vive en Inglaterra en la década de los treinta del siglo xx), como ahora se llevan los jeans y las camisetas, su calzado de colores claros de punta redondeada con agujetas de seda, como puede comprobarse en las series televisivas inglesas basadas en las novelas de la escritora británica. No es un lujo, insisto, las perlas son un objeto necesario si se es millonario, aunque la gente que no lo es manifiesta su rencor, esas mujeres aristocráticas arruinadas que se ven reducidas a usar perlas sintéticas, compradas en el Woolworth inglés de esa época: hay que recordar que Inglaterra estaba a unos quince años de perder la joya de su corona, la India, adónde acabo de llegar después de un largo vuelo.

ॐ✦ॐ

Desembarco de nuevo en el aeropuerto en 2008 y me entero de inmediato que acaba de estallar una bomba en la ciudad, matando a varios transeúntes, entre ellos un niño quien con su cuerpo protegió a sus conciudadanos, explica un periodista conmovido al borde de las lágrimas. Los autores del crimen, quizá unos fedayines musulmanes, provenientes de Bengala.

He leído Muerte en el Nilo en el avión que me condujo a la India. Me entretiene en este septiembre por fortuna no demasiado caliente. Como en muchas de las novelas de Agatha Christie, la protagonista es a medias aristocrática por su padre inglés, plebeya asimismo pues es nieta de un magnate norteamericano que le ha heredado una gran fortuna aún intacta a pesar del Crack del 29, acontecimiento que estuvo a punto de repetirse durante la crisis del 2008 y ahora en el 2011 para confirmar la decadencia del Imperio norteamericano. No cabe duda, el lujo es relativo, por más lugar común que parezca. Y lo es también en el caso de Linnet, quien joven, rica y bella muere asesinada —y, para colmo, sin herederos—. Su marido y la ex novia del mismo organizan un ingenioso plan para matarla (todos los personajes de Christie son buenos actores), sin prever que serán desenmascarados sin remedio por Hercule Poirot, el ingenioso y ridículo personaje inventado por Christie para darse el lujo de criticar a sus compatriotas y revelar que la avaricia y la envidia constituyen el núcleo integral de cualquier ser humano. En ese ambiente de riqueza extrema donde se cuelan aventureros, la muerte tiene permiso. Linnet es egoísta, amable y caprichosa. Desde niña está acostumbrada como los reyes, los maharajás y los sultanes a hacer su voluntad. No es extraño que la envidien, que tenga enemigos. En las novelas de Christie anteriores a la Segunda Guerra, antes del derrumbe del Imperio británico, abundan las reuniones elegantes, fiestas principescas en mansiones con historia, aristócratas que han pasado muchos años en la India y cuya complexión quemada por el sol —té con leche— ya no es inglesa, la blanca, aduraznada o color fresas con crema; habitaciones a granel y abundancia de criados, doncellas, cocineras, choferes, valets de chambre, a quienes también se les aloja. Conviven durante varios días, se mueven con facilidad de una parte del castillo a otra o de un camarote a otro en el barco que recorre el Nilo o se quedan en cubierta enfundados en sus trajes de baño para tomar el sol, trajes que ahora nos parecerían demasiado púdicos, anticuados. La mayor parte de los huéspedes o de los pasajeros tienen motivos suficientes para cometer un crimen (el odio cuenta, la venganza es necesaria), los sospechosos abundan, las coartadas son —parecen ser— perfectas. La mente algebraica de un extranjero, belga para colmo, o la de una sweet old lady coja, Miss Marple, atraviesan como cuchillos —¿de qué otra forma?— cualquier ingeniosa planeación. El dinero en cantidades excesivas produce catástrofes.

Sigo leyendo en el hotel. Interrumpo la lectura porque ya es hora de recorrer la ciudad con mis compañeros de viaje. Estoy en el Ashok, construido después de la independencia; lleva el nombre de uno de los principales gobernantes del

Imperio mogol, un musulmán convertido luego al budismo. El portero llama un taxi, viste las suntuosas ropas del Rajastán, bordados de oro (falso), turbante, saludo marcial. Me vuelve a parecer que el vehículo es semejante a los que circulaban en las películas inglesas de los años treinta (de nuevo la Christie) forrado con telas suntuosas, terciopelo decorado estilo Liberty (de origen indio), el chofer es sikh, su turbante arrollado dieciocho veces en torno de la cabeza, debajo, el pelo muy largo (nunca se lo cortan) (¿estará limpio?) (¿son violentos los sikhs? uno de ellos asesinó a Indira Gandhi: me detengo, ¿mi observación es racista?) Discuto el precio como en el mercado de la Merced: cincuenta, cien, ciento cincuenta rupias, pide doscientas, le doy cincuenta, más tarde me asombra mi mezquindad, aunque cincuenta rupias son en realidad cien pesos y la distancia recorrida me hubiese costado menos en la ciudad de México y, obvio, la vida en la India es —o era entonces— mucho más barata. Había leído en mi guía traducida al español —y mis amigos me lo aconsejan— que hay que regatear, lo hago con mi inglés imperfecto, el chofer me contesta en el suyo, medio incomprensible.

Por la calle multitudes. Los tendidos eléctricos compiten caprichosamente con las raíces de los árboles enredadas hasta conformar absurdas y dislocadas figuras; en las banquetas, artesanos, practican los oficios más antiguos del mundo. Hay una fila de barberos frente a hombres que se hacen rasurar; también hay cerrajeros y dentistas en improvisadas y minúsculas construcciones o simplemente sentados a la orilla de las aceras, ejerciendo su noble oficio. Sastres con sus máquinas de coser colocadas en las aceras, hombres que ofrecen limpiarnos los oídos y quitarnos la cerilla, herreros, albañiles, ceramistas, cerrajeros, limpiadores de letrinas... ¿Por qué te asombras, me pregunta la gente cuando relato estas vivencias en mis colaboraciones quincenales en el periódico, acaso no se ve lo mismo en México? ¿No te basta mirar los postes de electricidad en las esquinas de las avenidas, cables enrevesados, zapatos sujetos a los cables con agujetas, rollos enteros de alambre colgando como desperdicios? ¿No abundan los mendigos y los cilindreros? ¿Los albañiles, las sirvientas, los jardineros y los plomeros no ofrecen sus servicios junto a las rejas de la Catedral?

ℰ✦ℭ

Cuando vivía en Londres me encantaba ir a los conciertos del Wigmore Hall; los domingos a mediodía ofrecen un jerez muy dulce en el intermedio. Hace poco volví con mi amigo Andrew Dempsey para escuchar al guitarrista Morgan Szimansky, tocaba el concierto para guitarra de Vivaldi, es muy joven, usa el pelo largo y va vestido muy informal, como si su camisa fuera una guayabera: al leer el programa me entero de que ha nacido en México en 1979.

Para finalizar interpreta un concierto de Alec Roth, músico inglés de origen alemán quien ha trabajado con libretos de Vikram Seth, el novelista indio que escribe en inglés y una de cuyas novelas —larguísima— relata la vida de dos pianistas. Me encanta la coincidencia. Hay algunas otras más que me recuerdan a la India: Francesca Denegri, en cuya casa de Delhi me alojé en 2008, dio una fiesta y una de las invitadas era Aradhna Seth, cineasta, hermana del escritor y amiga de Arundathi Roy, la autora de El dios de las pequeñas cosas, novela premiada con el Booker Prize. A mitad de la velada, Aradhna exhibió un documental sobre Roy, recién salida de la cárcel por haber protestado contra ciertas medidas del gobierno. Antes, también en Delhi, en una reunión budista conocí a Shanti, el hermano mayor de la dinastía Seth.

Después de mi concierto londinense tomé un taxi; dentro de él olvidé mi saco de seda negra, comprado en 2004 en Jaipur con la muy buena diseñadora india Meenoo; enfrente, su cuñado vende joyas y antigüedades de muy hermosa factura.

Siento como si se me hubiese extraviado una mano... Tengo que volver a visitar ese país, lo amo y lo aborrezco... La India

65

es como esos amores desgraciados que nos acechan siempre con su tufillo a veces hediondo, a veces maravilloso.

℘✦℆

Todo inglés que visita el subcontinente asiático se siente más o menos transportado a la época del Imperio. En algunas novelas —las de Jane Austen, las de Charlotte Brontë o en los cuentos de Somerset Maugham— los personajes que han vivido allí son admirados, vistos con envidia, pero también se vuelven sospechosos, el tono de su piel ha dejado de ser blanco, ha adquirido un matiz semejante al del té con leche, repito, esa bebida fundamental en cualquier casa inglesa desde que la India fuera añadida al Imperio británico.

Cuando habla de Browning, su poeta preferido, De Quincey comenta que al envejecer su rostro se tornó de un moreno ceniciento como el de los indios.

℘✦℆

Parte de mi segunda estancia en ese país la hice sola, en Mumbai, Delhi, Benares. Francesca me recomienda que cuando vaya al Rajastán tome el tren, uno especial conocido pomposamente como el Palacio sobre ruedas (Palace on Wheels). Me entusiasmo, ya soy Hercule Poirot, retirado, con los bigotes bien arreglados y retorcidos (semejantes a los de algunos maharajás, representados de perfil en las miniaturas Mawar del fuerte de Jodhpur); sus trajes, impecables, anticuados, y su acento, ridículamente francés. Para acompañarme en el trayecto leí Asesinato en el Orient Express de la Christie: me gusta leer novelas policíacas cuando viajo y la novelista inglesa puede ser propicia ¿acaso no viajaré en un tren de lujo? Los camarotes tienen dos camas, se afirma que son principescos (¿será?), la comida regia, espero que no tenga tantas especias acumuladas en el mismo plato como las que se venden en los bazares.

¿Acompañada de quién visitaré Jaipur, sus fuertes y sus castillos, Udaipur, Jodhpur, Jaisalmer, Agra y el Taj Mahal? Veré camellos, el desierto, compraré joyas, montaré en elefantes, admiraré a los monos de culo rojo y les daré cacahuates, las vacas escuálidas serán sagradas; alineadas en los puestos de los mercados las especias, la ropa pintoresca, amenizada con exquisitos bordados.

Y dormiré arrullada por el bamboleo del tren cuando se deslice sobre los rieles, lugar común, pero cierto.

El tren es semejante al que describe Christie y la gente se vestirá quizá con elegancia como lo hacían en sus tiempos (me gustaría que hubiese un asesinato, mientras no sea yo la asesinada. Habría que buscar un candidato, odiado de manera universal, alguien que pudiera recibir cómodamente en su amplia anatomía cuarenta y cuatro puñaladas) (como en el tango cantado por Edmundo Rivero, y cuyas manos sean diestras y viriles, o ¿por qué no? mujeriles).

El libro me divierte. Me encuentro de nuevo con que en la novela aparecen unas perlas, éstas sí excepcionales, las usa en el tren la princesa Dragomiroff, aristócrata rusa en exilio; su collar es aún más improbable que el de Linnet Ridgeway —la que fuera asesinada en el Nilo por su marido y la amante—, collar larguísimo, sus cuentas tan enormes que parecen inverosímiles como la versión de su historia, ésta falsa, aquéllas, verdaderas. El hombre asesinado, un estafador, un criminal, un millonario que amasó con malas artes su fortuna, culpable del secuestro y el asesinato de una niña. En el tren viajan sus parientes (la abuela, la tía, el cuñado) y el jardinero, el chofer, la institutriz... unidos para ejecutar la venganza. Como siempre ha sido el atildado monsieur Hercule Poirot quien ha resuelto el crimen. Colectivo.

೫✦೫

Llego temprano. Un autobús moderno espera frente a la estación de ferrocarril, va cargado de gente, alguna ataviada como para ir al África a cazar tigres. Pasan diez minutos intolerables, ya son las cuatro y media de la tarde, el sol cae a plomo, aunque es septiembre y pronto menguará el calor. En la puerta de la estación construida por los británicos nos esperan los empleados de la compañía y unas jóvenes con sari que llevan guirnaldas de flores amarillas —zempazúchiles—, pintura roja para decorar la frente y un pañuelo blanquirrojo de algodón corrugado típico del Rajastán. Acepto la guirnalda y el pañuelo, no el bindi, me resisto a decorar mi frente con ese lunar bermellón; atrás un elefante con la trompa pintada de colores, lleva sobre las orejas unas telas de seda estridente (¿natural?), ondean cada vez que el animal las mueve; trepado sobre él un hombre muy vistoso con su traje también de seda y su turbante, un bigote con las puntas retorcidas hacia arriba, lustroso, barnizado de grasa. Más tarde, a medida que recorra los distintos ámbitos del palacio de la ciudad veré a dos hombres vestidos con el típico traje rajastaní haciendo una demostración de cómo enrollar en su cabeza y con perfección ese bello atuendo: metros y metros de tela colorida extendidos ante mis ojos que acomodan con perfección sobre sus cabezas. Existen muchos rituales relacionados con el cabello, los brahmanes lo llevaban largo y aceitoso, y sobre la nuca dejaban crecer el churki, mecha de cabello que no se cortaba jamás y les llegaba a media espalda, enrollado a medida que crecía y les quedaba demasiado largo, un emblema ancestral de los brahmanes, adorno ritual que las mujeres de la familia cuidaban con esmero, lavándolo a menudo y haciéndolo brillar mediante un producto especial.

Todos los pasajeros toman fotos, yo no tengo cámara, sólo mi cuaderno de apuntes. Sus gestos y la manera de empuñar el aparato me recuerda la forma en que los mendigos levantan las manos para pedir limosna. Me buscan en una lista larga, el tren tiene varios vagones, la mayoría de los viajeros parecen ingleses, lo son; no me canso de repetirlo, la India fue la joya más preciada de la corona británica; unos cuantos alemanes y australianos, varios indios exiliados en los Estados Unidos, Inglaterra o Canadá que regresan a visitar su tierra y a sus parientes y una pareja de negros estadounidenses, él fue embajador en algún país de África; ella se parece a Ella Fitzgerarld, es la más elegante del grupo y suele usar perlas.

Me asignan mi vagón, cada uno lleva el nombre de una ciudad o una provincia del Rajastán, la mayoría de los nombres termina en Pur, quiere decir lugar: Jaipur, Bharatpur, Jodhpur, Udaipur... El mío no rima con el resto, se llama Aiwar, un no lugar, como la utopía, y sin embargo situado casi al final del tren. Los vagones tienen cuatro cabinas con dos camas angostas pero cómodas, colchas y cortinas de seda (aquí la seda abunda y es barata, es famosa la que hilan en Varanasi); sí, seda floreada y brillante, baño propio con ducha y calentador —lo descubro al final de mi estancia y me baño todos los días con agua fría—, un jefe de cabina y su asistente, vestidos a la rajastaní, con turbantes o kepíes, un enorme cinturón, pantalones bombachos, bigotes con las guías enroscadas hacia arriba, a uno le tapan casi la nariz. Oigo decir que la mayoría de los guías y los empleados del tren pertenecen a la casta de los guerreros, los kshatrías, ¿será todavía así? En ocasiones, o mejor dicho casi siempre, los guías son como los tábanos, han conservado el don de mando cuando nos guían o creen tenerlo y los turistas los siguen —los seguimos— como si fuesen —fuésemos— ganado...

Cuando abordé el tren me presentaron a nuestro mánager (en cada vagón hay asignados varios servidores que estarán siempre a nuestra disposición); nos acompañará en nuestro viaje y nos resolverá cualquier problema que se presente: viste traje oscuro azul marino a la occidental, tirando a morado, corbata y camisa blanca, zapatos negros, usa un bigotito pequeño muy bien recortado, es idéntico a un leguleyo o a un coyote mexicano: me siento en casa. El jefe de vagón sonríe, tiene los dientes más grandes del mundo; desde ese momento seré una majaraní, la reina, sin rey, los numerosos maharajás de los otros compartimentos acompañados por sus majaraníes. Tengo a mi disposición dos camas, puedo dormir en la una o en la otra; cuando viajamos de día me pongo junto a la ventana para ver el paisaje, campos verdes que se pierden en la distancia, en parte solitarios o con campesinos sembrando con arados antediluvianos tirados por bueyes, niños que saludan y sonríen. De noche me acuesto en el lecho que está al lado del pasillo del tren junto a los apagadores de la luz. Sólo somos dos pasajeras las que viajamos solas: la profesora india que dirige un grupo de mujeres estadounidenses jubiladas que estudian historia del arte tiene un camarote como yo y supongo que dos camas; su misión se parece a la de los guías de profesión, pero su rango es superior, tiene la alcurnia de haber estudiado en Columbia University y la distinción de hablar un inglés perfecto, falsamente británico. Cortinillas de seda cubren las ventanas, separan a los pasajeros de las multitudes que esperan en los andenes de la estación: se oye un golpeteo incesante contra los cristales en cuanto el tren se detiene en el próximo destino. Me asomo, muchos ojos se miran en los míos, el jefe del vagón —o cualquiera de los demás servidores que nos asisten— acude rápidamente e interpone sus ojos entre los míos y los de quienes, vestidos con andrajos, me observan con curiosidad y de manera automática levantan las manos para pedir limosna. Una hilera de hombres siempre ataviados a la rajastaní hace valla cuando bajamos del tren: nos aíslan de la muchedumbre, es una curiosa y aséptica manera de viajar.

◈

La cena será a las siete de la noche. Arreglo mis cosas, me recuesto y me dispongo a leer alguno de los libros que he traído para informarme sobre la India, algunas guías en inglés, francés y español y varias novelas; R. K. Narajan, a quien admira Naipaul, Arundhati Roy, Rohinton Mistry, otra novela policiaca de la Christie. The White Tiger (El tigre blanco) de Aravind Adiga obtuvo en 2008 el Booker Prize; libro satírico y brutalmente crítico del país y sus políticos, fue ninguneado por la prensa de su país: es el quinto escritor indio de lengua inglesa que lo gana. Tan intrigante como la novela es el unánime silencio con que ésta ha sido recibida por un público que normalmente celebra eufórico a sus escritores premiados. Cuando El legado de la pérdida ganó el mismo premio, en 2006, Kiran Desai fue muy bien recibida, como también lo fue la activista Arundhati Roy con El dios de las pequeñas cosas (1997), y hay que recordar la extraordinaria acogida con que se recibió Los hijos de medianoche de Rushdie (1981). A Adiga, en cambio, lo insultan por develar la miseria de su país y soslayar o criticar los avances que se hacen para lograr que se convierta en una nación de primer mundo, me cuenta Francesca.

Leo con comodidad: la luz de las lámparas es muy buena.

₨♦Ↄ

Por fin es hora de cenar: al país donde fueres, haz lo que vieres, y lo que veo es un intento por revivir la vieja Inglaterra cuando uno o una se cambiaba de ropa y se vestía elegante para cenar; me pongo unos pantalones bombachos de color negro que he comprado en Fabindia, una blusa clara que disimula mis caderas y unas sandalias blancas, mis zapatos se asemejan a los que Linnet Ridgeway usaba en su crucero por el Nilo, antes de ser asesinada (toute proportion gardée). Hace mucho calor.

Para llegar al bar o al salón comedor hay que recorrer todo el tren, como dije antes, Aiwar es uno de los últimos vagones. Los recorro, tambaleándome, al principio y al final de cada uno de los vehículos dos uniformados se levantan y saludan con deferencia, son jerárquicamente inferiores al mánager o al jefe de vagón: el sistema impera de manera irreprochable. Se oye de repente un tremendo alboroto: veo un largo salón con sillones comodísimos y un bar repleto de gente, se habla en inglés, las mujeres muy elegantes, vestidas como la Julia de la serie de televisión Regreso a Brideshead, basada en la novela de Evelyn Waugh: frente a la de ellas mi vestimenta es ridícula. Vuelve a llamarme la atención una pareja negra de diplomáticos estadounidenses, él, voluminoso, bien trajeado, bebe whisky en las rocas; me recuerda a un capo de una película de gangsters, quien después de reclutar a un nuevo esbirro le ordena dándole dinero: Buy yourself a better suit... La embajadora lleva puesto un traje de seda con lunares blancos sobre fondo lila, un collar de oro y unos aretes gigantescos.

Se bebe, se brinda, se inician amistades, me pongo tímida, ¿dónde me sentaré, con quién compartiré una copa? Nadie me mira, avanzo como damisela antigua, llego a un suntuoso comedor, algunas mesas ocupadas; me señalan una con una pareja de indios, pido permiso, me instalo, inicio la conversación, aunque en las demás mesas se bebe vino yo les ofrezco la mitad de mi cerveza, es enorme, una Kingfisher; él es jainita y acepta compartirla conmigo, ella sikh (supongo que ninguno de los dos practica de manera estricta su religión, puedo deducirlo por su manera de comer, ella no toma alcohol, él sí). Ambos prueban con avidez cada uno de los múltiples platos de comida semiinglesa, semioccidental y semiindia que todos los días se nos ofrece a profusión, aunque haya carne, alimento prohibido para los ortodoxos, además de verduras, arroz con curry, pan indio y europeo, quesos y los postres que sobre todo ella devora con fruición). Viven cerca de Los Ángeles, en Irvine, universidad donde fui profesora visitante en 1986; hace diez años que Ashu el marido no había vuelto a su país, trabaja en una compañía petrolera. Zanguita vuelve cada dos años, su hijo trata de no hacerlo, a la hija le gustan la ropa y las joyas, aunque la India les resulta cada vez más ajena, llegaron a California cuando tenían tres y cuatro años. ¿Hay crisis en los Estados Unidos? Sí, una gran crisis. ¿Les afecta? Les cuento mi vida. Comentan, ¿viaja sola?, ¡qué valiente! Al día siguiente me vuelvo a sentar con ellos, Ashu ya sabe perfectamente quién soy, ha consultado su BlackBerry.

...porque te alimenté con esta realidad mal cocida...

A veces en el tren es imposible dormir, avanza con lentitud y se mece con parsimonia. Llegamos a Jaipur a las cuatro y media de la mañana, el desayuno se sirve a las siete en punto en nuestra salita particular, sentados todos los huéspedes del vagón en sillones mullidos; en las mesitas de noche devedés, revistas, periódicos. Como fruta, pan tostado, un omelet —en la India las yemas de los huevos son casi blancas—, té y bizcochitos. Compartimos la mesa con una pareja de alemanes que ya no se cuecen al primer hervor (¿habrán pertenecido a las juventudes nazis?, reflexión inevitable cuando veo a un alemán de cierta edad); de luna de miel, una joven pareja de ingleses que viven en Nepal y, finalmente, la profesora india, historiadora de arte, que estudió en Columbia University, vive en Bangalore y conduce su propio grupo. Coman, dice, la fruta está lavada.

Salimos del vagón a las ocho en punto y otros pasajeros se unen a nosotros, una próspera familia india, también de los Estados Unidos y que por el momento habita en Bangalore, con dos niñas, Shivani y Vishani, vestidas con trajes de Fabindia —el Gap de la India; varios ingleses procedentes de varias regiones del Reino Unido de provincia, jubilados, prósperos; unos australianos, más prósperos aún; una pareja de japoneses: él camina como samurai, ella viste ropas de Issey Miyake y una camiseta con el retrato de Minnie Mouse y brillitos. Y la distinguida pareja de ex diplomáticos negros que en el pub del tren consume siempre whisky, single malt, en un alto vaso con agua y hielo.

Hay varios grupos en el tren, cada uno con sus servidores y sus guías y cada uno con una insignia de color diferente. Pertenecemos al grupo color de rosa, hay uno verde, los otros son de color mostaza, rojo, ocre, negro y los viajeros ostentarán siempre en la solapa un distintivo con su color correspondiente.

Rachel, una de mis compañeras de viaje, se comprará más tarde, en Jodhpur, un sari también color de rosa profusamente adornado con brillantes de bisutería; la he visto escogerlo en una tienda a la que, como es habitual, nos han trasladado nuestros guías, después del obligado recorrido por los monumentos principales de la ciudad. Mientras curioseo por la tienda, advierto cómo mis otras compañeras de viaje compran a profusión diversos objetos; la japonesa, un enorme pañuelo igualmente rosa, me acerco para sentir la textura de la seda, me la arrebata con un brusco ademán y furia en la cara, me asombra, sólo quería tocarla: me alejo, no me vaya a practicar el hara kiri; la australiana se compra un sari verde perico; yo adquiero los aretes esmaltados típicos del Rajastán, azul turquesa adornados con brillantitos y dorados. A Rachel el sari le queda estrecho: una minucia para los costureros del bazar: se lo arreglan en un santiamén y las dos últimas noches de nuestro trayecto hará su entrada triunfal y tardía en el salón-bar, cuidadosamente ataviada y maquillada como una princesa de pacotilla.

ဢ✦ဢ

Jaipur es una ciudad relativamente pequeña, con más de tres millones de habitantes. La ciudad se parece al traje que Tadeo quería que usara su padre: llamativa, abigarrada, imposible de olvidar.

Como los distintivos de los diferentes grupos de viajeros de ese tren, las ciudades rajastaníes son de colores, Jaisalmer es dorada, Jaipur es rosa, Jodhpur azul. En todas hay fuertes y palacios en decadencia o reconstruidos para los turistas: los maharajás actuales siguen siendo inmensamente ricos pero carecen de poder (Indhira Gandhi los privó de sus privilegios en 1971): una parte del año viven en Inglaterra, la otra en sus palacios particulares que alquilan para el turismo, como lo hacen en su país los aristócratas ingleses de hoy; juegan polo y cricket: el polo, cosa que a ellos les importa subrayar, es un juego inventado por los indios: en muchas de las hermosas y delicadas miniaturas de la pintura Marwar en exhibición en el fuerte de Jodhpur puede admirarse a los soberanos y a sus súbditos dedicados a practicar ese deporte.

74

Hacia 1920 cuando Forster publicó su famosísimo libro A Passage to India, menciona que el subcontinente contaba con ciento veinte millones de habitantes, incluyendo Pakistán y Bangladesh.

Los antiguos palacios reales son en parte residencia de los propietarios y a la vez museos, a los cuales acuden una cada vez mayor cantidad de visitantes. La tercera vez que estuve allí los grandes recintos estaban abarrotados de gente como en la estación del metro Pino Suárez. Existen aún sitios con pocos turistas, por lo general en antiguos fuertes o residencias imperiales de esa gran civilización guerrera hoy en decadencia, como las espléndidas ruinas de Orcha, o, aún más impactante, el inmenso fuerte de Kumbalgar, cuya muralla es casi tan larga como la china.

Pasolini escribió El olor de la India en la década de los cincuenta, allí menciona que la población del país ya se acercaba a los cuatrocientos millones.

El palacio aún pertenece al maharajá, rey de reyes, ahora de vacaciones en Inglaterra, reitera el guía: es pomposo y con su voz estridente de barítono cuenta anécdotas insulsas y enumera las prohibiciones a las que estaremos sujetos, estar siempre cerca de él, mantener en el pecho el distintivo de nuestro grupo. Y prosigue: hay que recorrer los lugares sin distraerse, atender a sus explicaciones e insinúa que invariablemente debemos celebrar sus chistes. Aprovecho una pausa, enfrente del autobús hay una zapatería, me bajo corriendo sin pedir permiso: rompo de inmediato el pacto tácito que tanto nuestro mánager como nuestro guía quieren obligarnos a cumplir; atravieso la calle sin tomar en cuenta que el tráfico circula a la derecha —costumbre inglesa— y por tanto a punto de morir aplastada por un vehículo; entro en la tienda y en un santiamén y casi sin medírmelas me compro unas babuchas blancas de punta redonda tachonadas de espejitos, como el cine Alameda de mi infancia, cuyo techo azul profundo se veía interrumpido por millares de estrellitas: casi no he usado las babuchas, aunque con ellas se nutre mi colección (cuando trato de usarlas, encuentro que son incómodas, no me queda más remedio que ponérmelas solamente cuando haga una cena y pueda sentarme cómodamente en la sala y alzar un pie al desgaire y lograr que mis invitados —¿o las invitadas?— las admiren).

Regreso satisfecha, el guía me mira disgustado; mientras tanto los pasajeros han recibido sus botellas de agua potable reglamentaria ¿me moriré de sed cuando visitemos el palacio y sus patios asoleados?

ℛ ✦ ℭ

La pintura rajastaní idealiza a los personajes y está relacionada con el hinduísmo, conocido como sanathana dharma, la eterna ley; más que una religión es una forma de vida, regula la cultura, las costumbres y las creencias religiosas de un hindú desde su nacimiento hasta la muerte; los rajputs se adhirieron firmemente a estas creencias durante todo el período de dominación musulmana. Pensaban que la extraordinaria profusión de dioses y diosas que constituyen el panteón del hinduismo emanaban de una presencia unificadora o Conciencia Absoluta. Un hindú puede escoger entre las múltiples deidades en cualquiera de las formas en que se manifiestan, explica Roda Ahluwalia en su libro sobre las pinturas de esta región. Las miniaturas representan a menudo las figuras de Krishna y Rhada su esposa mediante escenas idílicas y amorosas cuya lectura puede ser profana o sagrada. En esas pinturas se cuentan historias muy conocidas, la gente se las sabe de memoria, su fuente son las epopeyas y cantares de gesta, el Ramayana y el Mahabharatta, como en la Grecia antigua la Ilíada y la Odisea; asimismo se representan a menudo cuadros de la vida cotidiana y erótica de las altas clases y de los monarcas. Al principio no existía el retrato, los rasgos de los personajes provenían de un ideal de belleza y serenidad preconcebido,

76

tópico. Al llegar los musulmanes, empiezan a proliferar las miniaturas que reproducen los rasgos de los retratados: los maharajás enturbanados, embigotados y barbudos, vestidos espléndidamente como en el reino de Lucknow donde se representa a un soberano de gesto adusto y a su hijo enormemente gordo y con cara de estúpido; las mujeres llevan perforadas las orejas y la fosa derecha de la nariz, allí se insertan las joyas finísimas de oro y gemas preciosas; van ataviadas con suntuosos saris de seda de colores brillantes y estampados, estampados que habrían de hacerse famosos cuando los prerrafaelitas y los miembros del movimiento Arts and Crafts los pusieron de moda durante el siglo xix en la Gran Bretaña, y que ahora, estilizados, suelen venderse bajo el sello de la firma Liberty's.

ଚ୨◆ଓଷ

Siempre que estoy en Londres donde viví dos años voy al museo Victoria y Albert de Kensington; allí vi hace poco una exposición de los prerrafaelitas, intitulada El culto de la belleza: la decoración, las telas, los tapices de las paredes, los trajes de las mujeres ostentan una influencia evidente de la India. Simultáneamente se exhibe una retrospectiva del diseñador japonés Yohji Yamamoto, de una enorme sencillez sofisticada.

ଚ୨◆ଓଷ

La entrada del palacio de Jaipur es de mármol y la guardan elefantes embadurnados de pintura, se usan como bestias de carga y símbolo de alcurnia; hacen juego con un lugarteniente ventrudo (antes de la partición de la India, explicaba Mulk Raj Anand, el escritor nacido en 1905, que en su país se estilaban diferentes tipos de bigotes, marcaban la línea divisoria entre las clases); el traje del individuo es el tradicional: los pantalones bombachos, los zapatos bordados y terminados en punta, ancho cinturón morado del que pende un alfanje, turbante

77

en rojos y dorados, cuidadosamente enrollado, jubón carmesí decorado con medallas e insignias y un porte marcial, a pesar del enorme volumen de su vientre. Está rodeado siempre de niños, logran retratarse a su lado con sus madres y hermanas, mujeres ataviadas con saris de seda teñida de color de Siena o amarillo cadmio. En el centro del fuerte está el palacio, en sus paredes una vaga remembranza avant la lettre con las naturalezas muertas de Giorgio Morandi: en el italiano se admiran las infinitas variantes de una forma plástica; en estos muros se practica la repetición, es decir, la simétrica reproducción de bajos relieves donde se representan botellones.

Y encima de todo y todas las cosas, sobre tu propia cabeza, la aterciopelada corona del escarnio: ¿Adónde te conduce? ¿A la vida o a la muerte?

Miro con cierta indiferencia a los hombres que llevan turbantes color violeta —me he encontrado con ellos ya tres veces, ¿otra vez la aterciopelada corona del escarnio? En el palacio —¿cuál?: en algunos de los palacios— la puerta principal es de bronce, obviamente muy pesada; al cerrarse sus hojas reproducen el rugido de un tigre, al abrirlas, barritan los elefantes. De inmediato, mis compañeros de viaje empiezan a sacar fotos, sus cámaras son digitales, último modelo, ya no es necesario enfocar como se solía hacer con las cámaras antiguas, cosa benéfica si se quiere evitar la formación de arrugas en el lado superior derecho del rostro de los fotógrafos profesionales o amateurs; tampoco existe el peligro de que los rollos se velen, y se han eliminado por completo los arduos preparativos químicos muy peligrosos como, por ejemplo y para no ir más lejos, los que desplegaba el viajero y fotógrafo francés Isidore Charnay cuando visitaba los sitios arqueológicos de Yucatán en el siglo xix.

Advierto antes de entrar al recinto que no tengo dinero en efectivo y la necesidad por tanto de acudir a un cajero automático; lo consulto con mi mánager, se molesta, me regaña, me trata como retrasada mental; al fin accede, se sacude de mí como si fuese una mosca. Lo miro furiosa y no se digna responder a mi mirada, ¿acaso no soy sólo una mujer? Y para colmo, viajo sola. Un ciclista me ofrece conducirme a un banco cercano si le doy diez rupias; está situado alrededor de seis cuadras adelante; caminamos por calles sin asfaltar repletas de gente y de mercancías diversas; al llegar al cajero el policía nos advierte que no hay dinero (siempre hay uno o dos guardianes al cuidado de los cajeros). Me encamina a otro, lejos, o por lo menos a mí me lo parece —otras diez rupias más—, las calles cada vez más arruinadas, poca gente lleva zapatos. Sin aliento, regreso al punto de encuentro, a tiempo de reunirme con mi grupo para iniciar el recorrido reglamentario. Soporto la mirada reprobatoria del encargado de nuestro grupo, las de mis compañeros y la del guía: viste como un playboy, pantalones blancos muy ajustados, camisa negra y una gorra clara adornada con dos gruesas líneas negras, idéntica a la que usa el japonés, uno de los miembros de nuestro grupo.

El recinto es enorme, numerosos patios y edificios con salones y cúpulas, labradas en estuco; las paredes pintadas de rosa con espejitos incrustados, como mis babuchas blancas, aunque aquí es otro color —no en balde a Jaipur la llaman la ciudad rosa—, nombre que le fuera impuesto cuando en 1876, en ocasión de la visita del Príncipe de Gales, el maharajá en turno ordenó que toda la ciudad fuese pintada de ese color, incluyendo la muralla, dándole así el aire romántico de un cuento de hadas, hasta ahora vigente para seducir a los turistas; sus muros interiores semejan un inmenso tapiz parecido a los que luego compraremos en los almacenes situados en las ruidosas calles de la ciudad, hacia donde y sin compasión nos conducirán

invariablemente nuestros guías. A veces, los seguimos man-
samente.

Además de viajar a pie, en riksho —moto o bici—, en taxi, ca-
mionetas, trenes, barcas, en dos ocasiones me he montado en
un elefante; pintarrajeados, llevan en su lomo una canastilla
donde se acomodan los visitantes obligados a viajar con las
piernas al aire y a contemplar sin chistar cómo el conductor
azuza a la bestia con un enorme tridente, encajándoselo en
las ancas. Como siempre, la ciudad llena de basura, de comerciantes, de coches, de rikshos y de gente atravesando las calles
a punto de sufrir el embate desenfrenado de los motoristas.
En la parte posterior de sus vehículos se ostenta un letrero:
Please horn.

Alguien me explica que los sastres y los carniceros en la India
son musulmanes. Los musulmanes comen carne de vaca y no
comen la del cerdo. Los parias tocan el tambor y el que toca el
saxofón se viste de un color distinto, oigo decir. Pasamos frente a un edificio de estilo híbrido, entre musulmán e indio. Los
templos fueron, quizá lo son aún, lugares de reposo donde se
aloja y se da de comer a los pobres. Palacios y miseria. Algunos
indios se volvieron budistas o musulmanes para escapar a la
estratificación de las castas, me cuenta un viejo empleado del
santuario de Sarnath.

୪❖ଓ

Un conjunto de músicos toca en la explanada: entusiasmados,
a pesar de la limosna que muy parcamente les otorgan los viajeros. Más arriba, sobre la rampa que sube hacia el fuerte
varios niños rajastaníes tocan y bailan, destaca una niña de
alrededor de once años, alegre, ágil, divertida, graciosa; ¿sus
hermanos? Tocan el tamborín, unos instrumentos parecidos
a las castañuelas y otro una flauta garigoleada. Cuando baila la
niña es idéntica a las marionetas que se venden en los muros

80

y en la entrada del fuerte que todos los miembros del grupo adquirimos ansiosamente.

꙰ ✦ ꙮ

El sueldo mínimo de los habitantes de esta zona, en su mayoría artesanos y campesinos, explica el guía, es de trescientas cincuenta rupias (cuarenta y nueve rupias por dólar) y hasta seiscientas para los trabajadores calificados. La vida es barata, no obstante... para los turistas...

꙰ ✦ ꙮ

Allá, a finales de la década del cincuenta, estudiaba en París y vivía en la Casa de México en la Ciudad Universitaria; en una larga y rectangular sala común se programaban espectáculos; recuerdo con nitidez un concierto de música hindú que duró varias horas y al que asistieron muchos estudiantes de diversas procedencias, pero sobre todo de la India. Los músicos vestían sus ropas típicas y tocaban instrumentos de formas caprichosas y sonidos extravagantes que fascinaban al auditorio. Al cabo de dos horas, la mayor parte de los espectadores habían abandonado la sala, los indios permanecieron, arrobados, tres horas más, sentados casi sin moverse en la postura de flor de loto sobre alfombras improvisadas; sus zapatos, alineados junto a la puerta de entrada.

꙰ ✦ ꙮ

Coloridas babuchas aparecen cerca de los personajes cuyos pies van desnudos en las miniaturas que admiro en el fuerte de Jodhpur, costumbre secular que se observa de manera cotidiana en todas las regiones de la India: tiendas y templos ostentan a la entrada numerosos zapatos de todos los tamaños y colores, flamantes o desgastados por el uso: los pies de quienes los portan, insisto, son perfectos. Los indios usan sandalias o

81

babuchas cuando no están descalzos. Paisajes utópicos muy luminosos constituyen el fondo de la escena que se describe en las pinturas, árboles frondosos, ríos, el emblemático pavo real y una profusión de pájaros, los venados, antílopes, perros, los chivos; las vacas rebosantes de salud, decoradas y rollizas; elefantes y caballos ataviados como sultanes y, de repente, un tigre amarillo o uno blanco. Los soberanos ocupan el lugar predominante, a su lado y decreciendo, se representan los funcionarios de menor categoría.

Las miniaturas Marwar producidas durante los siglos xvii, xviii y xix en Udaipur representan paisajes idílicos, la naturaleza es maravillosa, pastoril, plena, muy verde, la adornan animales diversos, ríos, lagos y muchos árboles sobre los cuales se posan aves de todo tipo de plumas y de garras, hay ardillas y numerosos monos; en ocasiones se alcanzan a ver, trepados sobre las ramas, algunos tigres. Las mujeres caminan descalzas, elegantes y plácidas junto al agua, sus tobillos adornados con ajorcas, la nariz y los oídos perforados para adornarse con joyas, las muñecas repletas de brazaletes y la palma de sus manos coloreadas de un rojo intenso. Pertenecen a las más altas clases, son seguramente las concubinas del maharajá. Excepto en las escenas eróticas, las mujeres se representan aparte, separadas de los hombres, inmersas en sus actividades cortesanas o en sus juegos, ellos gobiernan, guerrean o cazan; ellas acompañan al amante, lo miman, lo sirven y en el gineceo se columpian, juegan con pichones, con fuego o tocan diversos instrumentos.

Me fascina una miniatura del siglo xvii de las colecciones del Museo Británico: un palacio de mármol con cúpulas de estilo musulmán, la noche estrellada; dentro, una bella joven, de pie sobre un piso decorado con flores de ágata, cornalina, jade, amatista, calcedonia (vieja tradición artística de la región, el arte de las piedras semipreciosas incrustadas generalmente en mármol): contempla con ansiedad un sedoso lecho, lleva en la mano derecha (las uñas y la palma pintadas de rojo sangre) una lámpara votiva y espera a su amante. La miniatura ilustra un cántico de amor que a la letra dice: Atormentada de amor, preparo una cama de suaves flores y diviso el camino para ver si aparece mi amado.

ജ✦ଓ

Pasamos por un pueblecillo musulmán, interrumpe nuestro camino una procesión religiosa: a la derecha desfilan los hombres, van simbólicamente hacia La Meca; a la izquierda, las mujeres, casi invisibles, o más bien, diría yo, forman una enorme mancha negra que avanza gritando y enarbola carteles donde se leen consignas feministas.

ജ✦ଓ

Llegamos a la calle principal de la ciudad; Jalil, nuestro chofer musulmán, nos previene en su inglés indio que tengamos cuidado, hay muchos pillos sueltos —usa la palabra hookers, y la reitera con ademanes—; nos deja frente a un establecimiento abigarrado donde venden mercancías de todo tipo, colchas, manteles, bolsas, zapatos, artesanías: los dueños, musulmanes, obviamente sus amigos o sus cómplices: sabemos que de cualquier venta que hagan Jalil (y los guías en general) recibirá una comisión del cuarenta por ciento. Entramos. Después de un regateo formidable que me irrita y me exalta al mismo tiempo, compramos algunas prendas a un precio bajísimo, sobre todo si se compara con el punto de partida. Cada vez lo haces mejor, me dice Myriam, admirada; yo sólo sigo las instrucciones de Ravi Shankar, el guía-jefe de los voluntarios que en Calcuta apoyaban al equipo de la Dirección de Publicaciones en la Feria del Libro dedicada ese año a México. Ravi Shankar, cuyos padres le impusieron el nombre del famoso músico es en realidad muy poco musical, y al darnos instrucciones de cómo comportarnos en la India exigía pontificando que siempre regateáramos: nunca hay que pagar más del veinticinco por ciento del precio con que los marchantes comienzan sus negociaciones, repetía, autoritario.

83

Salimos de la tienda y nos encontramos con un joven alto, apuesto, de camisa rayada rosa y blanca y complexión más o menos clara que nos habla en español con acento italiano. Jalil lo mira con desconfianza, nos hace señas que pretendemos no advertir. No es un guía, explica el joven, no quiere vendernos nada, nos asegura, sólo pretende ayudarnos, le hemos simpatizado, le gusta Latinoamérica, ha estado en Chile, tiene amigos de esa nacionalidad, no le interesa el dinero, usa la palabra inglesa money de manera recurrente, vende joyas y vive la mayor parte del año en Italia. Es un brahmin, aclara (todos pretenden serlo), pero de niño vendía té por las calles: suele darse que los brahmanes sean muy pobres, pueden ser más pudientes los comerciantes aunque jerárquicamente su clase esté por debajo (en Benares nos toca un guía mahometano y nuestro chofer, escuálido y chimuelo, es un brahmán). Una italiana generosa —¿su madrina?— rescata a nuestro nuevo amigo y un día se lo lleva a vivir a Bolonia donde lo occidentaliza a medias y le enseña el negocio de exportación de joyas al mayoreo, ¿será? Nos pide que subamos a su tienda, tiene terraza sobre la calle (pignon sur rue), nos ofrece un lassi helado azucarado y delicioso en vasos de barro y, poco a poco, sin darnos cuenta, sin regatear, acabamos comprando varios collares, y yo una pulsera antigua, parecida a otra que compré en Venecia hace varios años y al mismo precio. No viajen en coche, nos dice al despedirnos, no es posible apreciar nada de la ciudad, tomen un tuc-tuc, es mucho más divertido, tiene razón, pero no le haremos caso; nos da cita para el día siguiente en que nos enseñará de verdad sus lugares más recónditos, sus tesoros, no los que ya hemos visitado como turistas, sino los verdaderos. Jalil nos mira con reprobación, nos ha esperado horas sentado en su coche a pleno sol.

Luego visité por tercera vez una de las joyerías más famosas de la ciudad. La primera vez que compré unos aretes los envolvieron en una bolsita de seda primorosa, la segunda en una de algodón y en esta tercera me dieron una de plástico. Lo comento y el dueño responde secamente, todo cambia, es un personaje altivo, descalzo, con porte arrogante, te cobra con desprecio y rara vez sonríe. Pertenece a la casta de los comerciantes.

Enfrente, volvemos a admirar el escenario teatral del edificio rosa, el palacio de los vientos; desde allí —me encanta repetirlo— las concubinas solían admirar, como las monjas desde sus azoteas, el mundanal ruido, y los maharajás podían jugar al rugby en los amplios y ajardinados patios de su lujoso recinto. El guía en turno nos cuenta, con los ojos brillantes, como si deseara ser el maharajá o el sultán, que cuando una concubina le gustaba a los soberanos, le regalaban joyas de piedras preciosas y oro, y aunque seguramente mucho más suntuosas, parecidas tal vez a las que nuestro indio-italiano quiso vendernos en su hermosa joyería situada en una ruidosa calle de Jaipur, él tan guapo, tan europeo y al mismo tiempo tan indio.

ऽ◆ऽ

En mi memoria sigo varada en esta ciudad. Las imágenes se superponen, hay variantes y sin embargo pareciera que veo y no veo la misma película reiterada. Es mi tercer viaje a la India y las mismas cosas siempre distintas desfilan en procesión ante mis ojos miopes; los enormes patios del palacio del maharajá retirado, varios caballos con lujosos arreos defecan en la calle tranquilamente; un hombre muy adornado lleva en la cabeza un turbante color cúrcuma como si portase una gran canasta de especias parecidas a las que se admiran con finura ordenadas en los bazares; de su cinturón cuelga una enorme cimitarra falsa; se inclina y despliega un tapete rojo sobre el que se desplazará un oficial, desvaído Agamenón, tocado de un turbante púrpura encendido como los labios de las mujeres en las canciones de Guty Cárdenas; prendidas a su chaleco de seda amarilla condecoraciones de pacotilla, el atuendo se completa con una especie de enagua rosa de organdí satinado semejante al que usaban las mujeres del pueblo en ¡Qué viva

85

México!, la película de Sergei Eisenstein; sus pantalones son muy amplios y bombachos, tiene los pies calzados con zapatos de piel con dibujos troquelados y terminados en punta. Se contonea cuando camina y se retuerce el bigote, es tan ridículo como nuestro guía: un funcionario de pacotilla, medio jorobado, mandón e impertinente.

Los niños indios que visitan las distintas ciudades no piensan como yo y le ruegan al hombre que se retrate con ellos; sus madres miran y aprueban con orgullo, es una réplica disminuida del pasado al servicio del turista, ya sea indio o extranjero. Un elefante duplica la imagen, el cuerpo entero decorado con arabescos de colores vistosos y encima del lomo un palanquín suntuoso: lo miro con asombro y un poco de temor, alza la trompa y orina, el suelo queda inundado de agua amarillenta y me repugna y fascina el olor. Ayer, en la calle, vi turbantes ya hechos, de colores primarios, tela de algodón clásica, por lo general roja como el pañuelo que nos dieron al entrar al tren.

Una mujer pide limosna, carga a su hija de espaldas para mostrar el tumor que le cubre el costado: siento enorme repugnancia y rabia: la misericordia se vuelve una respuesta a la culpa que produce la exhibición de la miseria extrema. Los niños limosneros levantan las manos de manera automática como si fueran estatuas: el color de su piel, sus ojos y su ropa es como el de las fachadas de los barrios bajos de Bombay, opaco, oscuro, viscoso.

Las estrellas de Bollywood ostentan orgullosas un rostro cuyo color es casi del color de las actrices blancas del cine occidental: son muy, muy hermosas, se enamoran apasionadamente y nunca hacen el amor en escena.

ℂ♦℁

Tradicional, pero casi desconocida para el gran público y poco apreciada por los historiadores del arte hasta 1916, año en el que Ananda Coomaraswamy publicara su clásico libro Rajput

Painting en Oxford, la pintura del Rajastán ha sido cada vez mejor estudiada y jerarquizada según las regiones de donde proviene, tanto en su contexto histórico como religioso y estético. Muy reciente ha sido el redescubrimiento de las miniaturas de la Corte de Mehrengarh, exhibidas actualmente en el Fuerte de ese nombre en Jodhpur, la ciudad azul. Hay varias salas donde se pueden ver y en la tienda de artesanías situada al salir del castillo encuentro un libro sobre ellas: lleva fecha de 2008. Pesa mucho y, debido a que he adquirido como siempre demasiadas cosas, pospongo la compra pensando que lo hallaré en una de las librerías de Delhi situadas en el Khan Market, donde para mi gran decepción ya no lo encuentro. Un cliente me oye discutir con el librero, se me acerca y me explica amablemente que se trata de un libro muy reciente y sólo podré conseguirlo en Jodhpur; por una de esas coincidencias tan habituales en la vida y sobre todo en los viajes, mi nuevo amigo resulta ser profesor de arte en la universidad de Delhi: me identifico con él, yo también doy clases en una universidad. Cuando regresé a la India en 2010, compré el libro de inmediato en cuanto entré a la tienda del fuerte de Jodhpur: es un libro maravilloso. Coomaraswamy asegura que la pintura rajput es el equivalente de la literatura vernácula del hinduismo. Se trata de un mundo mágico, donde todos los hombres son heroicos, las mujeres bellas, apasionadas y tímidas; las bestias a la vez domésticas y salvajes, amigas de los hombres; los árboles y las flores contemplan las huellas que el novio deja a su paso.

Este mundo mágico, asevera el autor, no es irreal ni fantástico, es un mundo de imaginación y eternidad, visible sólo para aquellos que decidan contemplarlo con los ojos transfigurados del amor.

Al caminar por las calles, cuesta trabajo aceptarlo.

☙ ❖ ❧

El paisaje indio ha dejado de ser idílico: hacia 1990, la mujer de un antiguo revolucionario de Calcuta le explica al escritor de origen indio Naipaul la causa por la que en los últimos tiempos ha sido necesario cortar árboles en la India. Le pregunté a Areti, explica Naipaul, si se debía a que los indios los detestaban o si se creía de manera general que albergaban o propiciaban a los malos espíritus. Me respondió que no, que los indios adoran los árboles; sólo que actualmente hay demasiada gente y, obviamente, árboles y gente no pueden coexistir en el mismo espacio.

৪০ ✦ ୯୪

Desmond Peter Lazaro nació en Inglaterra donde estudió arte; completó sus estudios en la Universidad de Baroda en Gujarat y se trasladó luego a Jaipur para estudiar con el Maestro Bannuji. Pensando que estaría allí unas cuantas semanas, su estancia se prolongó casi quince años y suele regresar a menudo a la ciudad rosa. Es el autor de un libro sobre la tradición de pintura pichhvai en el Rajastán, donde nos ilustra sobre los materiales, los métodos y el simbolismo de esas pinturas; en hindi pichhvai significa detrás. Esta pintura tiene un gran parentesco con la miniatura, se realiza en enormes telas de muchos metros de altura: podría describirse como una miniatura agigantada: se agranda el marco que la contiene y aumenta la proliferación de las figuras, muchas veces colocadas en series. Los artistas proceden obedeciendo un orden estricto: empiezan por la periferia de la imagen y gradualmente se dirigen hacia el centro: se comienza por el cielo, los paisajes y árboles, luego las figuras, sus rostros y, finalmente, la joyería y la decoración. Para el dibujo se utilizan diversos instrumentos, por ejemplo, un compás ayuda a delinear la estructura geométrica del lienzo y determina sus varias líneas de cruce. Se esboza la figura directamente con un pincel y tinta china; los pinceles son muy diversos y de distintos tamaños; unos están hechos con pelos de mangosta para rellenar con color, los más gruesos; para delinear, los más delgados (la mangosta es un animal que siempre me ha intrigado, parece mítico pero no lo

88

es, existe de verdad). También se fabrican en el taller los de pelo de ardilla para los dibujos más delicados e intrincados. Los pigmentos minerales se muelen en un mortero: hay una gran variedad de colores, por ejemplo, blanco de cal, blanco de titanio, blanco de zinc, amarillo cromo, amarillo limón, ocre, ámbar, siena, ultramarino, lapislázuli… Las pinturas se ejecutan teniendo en cuenta tradiciones védicas, la de la rasa, fluido vital relacionado con los cinco elementos primordiales, agua, tierra, fuego, aire y éter. Este fluido vital nos conecta con la alquimia hindú y sus operaciones y determina el uso de las materias primas que dan origen a los colores: el mercurio (semen de Shiva) y el azufre, otro de los materiales usados por el alquimista hindú, fusionados con el cinabrio, color dominante en las pinturas, simboliza el flujo esencial de la vida y también el matrimonio: las mujeres casadas deben llevar pintada de rojo la raya que divide el inicio de sus cabellos sobre la frente. Los otros colores se hacían de pétalos de flores o de piedras duras, también de orina de vaca para el amarillo: las excrecencias como color. Las pinturas pichhvai son expresiones visuales de devoción; colocadas detrás del dios durante los oraciones cotidianas de Shrinathji —uno de los avatares de Krishna— y a la vez escenografías, y yantira, un apoyo para que el devoto pueda identificarse con la deidad mientras la contempla, nos explica el sabio vendedor, sentados frente a los artesanos que harán una demostración en vivo en cuanto termine el discurso. Los artistas pintan sentados en el suelo con las piernas cruzadas, en posición de flor de loto, dirigidos por su maestro —el guru. Se trata de una tradición gremial a punto de perderse como efecto de la modernización, con el resultado de que el aprendizaje, iniciado desde la infancia en el taller de familia se diluye para sustituir las viejas técnicas con prácticas nuevas y colores elaborados de manera artificial. Sin embargo, las pinturas pichhvai siguen ligadas inextricablemente a la cultura y la religión hindúes: pintadas para los devotos y no para los extranjeros, se enraízan en la más antigua y noble tradición. En cambio, la miniatura rajastaní, aristocrática y antigua, dependía totalmente de sus mecenas, los numerosos señores feudales de cada una de las entidades de la región. Este mecenazgo se traslada ahora, de manera indirecta, al turista, a través de los comerciantes: sin su presencia este arte se agotaría falto de sustento. En la actualidad y como suele suceder en las sociedades en vía de desarrollo (para decirlo suavemente) han penetrado en el mercado y en la devoción los colores confeccionados industrialmente.

℁◆ℂ

Hoy, 8 de marzo, Día Internacional de la Mujer, leo en un recorte de un periódico que traje de la India: adolescente de catorce años violada y asesinada por una pandilla de jóvenes en Lucknow, Uttar Pradesh; en un lapso de quince días treinta y ocho mujeres fueron violadas en esta provincia donde se profesa sobre todo la religión musulmana. Otra noticia: la ONU insta a México a tipificar el feminicidio como delito agravado. Estado y sociedad cierran los ojos ante la vergonzosa realidad de los maltratos. Sigue el Times indio: …es imposible afirmar que la provincia de Uttar Pradesh pueda considerarse un lugar seguro para las mujeres. En 2008 se registraron tres mil doscientos cuarenta y dos casos de agresiones sexuales. Y de nuevo leo: Diputados de todos los partidos presentaron en la sesión de hoy una iniciativa para definir el feminicidio como la privación de la vida de una mujer por razones de género e impedir que en las investigaciones del ministerio público se incorporen elementos de discriminación para descalificar a la víctima, como su forma de vestir, su ocupación laboral, su conducta sexual o su relación y parentesco con el agresor. Pocos casos de violación, agresiones sexuales y muertes por cuestiones de dote son dados a conocer, los oficiales responsables de las investigaciones deciden cuáles casos deben registrar y cuáles omitir: acostumbradas a pensar que son sólo mercancía, aun las mujeres más educadas continúan soportando las atrocidades a las que se las somete, por miedo a denunciarlas; atrapadas entre la tradición y un sistema judicial adverso son siempre víctimas.

Una hilera de desechos humanos tirados como basura en el costado de una de las principales avenidas de Varanasi me impacta: leprosos harapientos y cientos de viudas: en la India hay más de cuarenta millones de mujeres exiladas de su comunidad, en cuanto mueren sus esposos: vestidas de blanco —el color de la viudez—, despreciadas por su familia, incluyendo a sus propios hijos, quienes, fieles a la tradición, piensan que son las culpables de la muerte de sus maridos; muestra de superstición, pero la verdadera razón es económica: se han convertido en una carga para la familia, a pesar de que cuando las mujeres se casan aportan de manera infalible una dote, sin la cual no hubiera podido realizarse la unión, muchas veces causa de que la familia del marido las violente o las asesine si sus parientes no cumplen con la cantidad estipulada antes del matrimonio. Aunque la igualdad ante la ley se decretó después de la Independencia, el sistema de castas sigue imperando y dentro de él —o más bien fuera de él: ¿es la mujer una casta?— las viudas ocupan el lugar más bajo, ¿aún peor que el de los dalits, los intocables? Prohibida durante el dominio británico desde el siglo XIX y abolida por ley en 1957, esta costumbre sigue imperando. Se abandona a las viudas a su suerte, se les prohíbe usar joyas, se les obliga a raparse la cabeza, a vestirse de blanco y a abandonar la casa del marido adonde se han trasladado al contraer matrimonio en esta sociedad patrilocal: las mujeres como objeto de consumo desechable. Muchas viudas se refugian en la ciudad de Vrindavan, a ciento cincuenta kilómetros de Delhi, obligadas a mendigar para poder comer. No es de extrañar entonces que, ahora, cuando una mujer decide arrojarse viva en la hoguera donde se consume el cuerpo de su marido, todo el pueblo las venere y las ponga como ejemplo, a pesar de que las leyes han pretendido erradicar esta costumbre conocida como sati.

Decían que las leyes eran ¿son? muy estrictas en la India, por matar a un pavo real tres años de cárcel; por una vaca, seis; por matar a un hombre, la multa es de cinco mil rupias; matar a una mujer no cuesta nada.

Al fuerte de Chittaurgarh lo han iluminado como castillo de Walt Disney con luz y sonido. Como es costumbre, el guía nos conduce a un lugar estratégico para relatarnos la historia del lugar, revistiendo el papel de un juglar; con voz melodramática remata su historia contando la derrota que el último maharajá sufrió ante los musulmanes y cómo después de heroicos combates decide arrojarse a la hoguera antes que entregarse a los enemigos. Una a una todas sus esposas y concubinas van inmolándose junto con él, explica; es un hombre fornido con un enorme bigote, voz estentórea y una kurta blanca sudada; remata con orgullo: las mujeres se arrojaban a la hoguera, de muy buena gana. ¿Felices?, le pregunto: sí, responde, es la manera más gloriosa de morir que tiene una mujer. Me quedo dudando, no sé cuál pueda ser la mejor opción: morir quemada o pasar el resto de la existencia vestida de blanco y mendigando a la intemperie.

En 1921 comentaba un funcionario de un pequeño reino del Rajastán, llamado ficticiamente Chhokrapur por J.R. Ackerley, autor de Vacación hindú, donde he encontrado estas palabras: ¿Por qué querría hijas un hombre? ¿De qué sirven, si hay que alimentarlas, educarlas y vestirlas, para que se vuelvan propiedad de otro? Los padres nunca pueden sentir que una hija mujer realmente les pertenece. Siempre se sabe que llegará el momento en que habrá de pagar a algún hombre para que se case con ella y se la lleve. Con nuestros hijos varones es distinto. Son parte de nosotros. Ponemos en ellos toda nuestra esperanza de felicidad en este mundo y en el próximo, y cuando se casan traen a sus esposas bajo nuestro techo, como hicimos antes nosotros y nuestros padres.

⁗✦⁗

Leo un reportaje sobre las mujeres de un pequeño poblado al sur del país: Christine Eggs de una ONG contaba que al llegar a la India para combatir el sida se encontró con un médico que le habló de las enfermedades femeninas más frecuentes en la región: irritaciones, úlceras vaginales y esterilidad, debidas a la falta de higiene y a la utilización de saris viejos que no absorben la sangre, en un clima que alcanza los cuarenta grados centígrados casi todo el año. En esas zonas, como en otros lugares, las casas son de adobe, el ochenta por ciento de las mujeres son iletradas y sucumben a los tradicionales prejuicios que las obliga a encerrarse durante la menstruación.

A instancias de Eggs, en Chepaluppada, donde la electricidad sólo opera durante seis horas diarias, se ha instalado un taller para fabricar servilletas higiénicas. Una pulpa de madera semejante al algodón, importada del Reino Unido, se coloca en un aparato que separa las fibras. Otra obrera las recupera, las pone en un molde, las aplana con un martillo e iguala los bordes antes de entregarlo; la quinta obrera recoge los ingredientes, agrega una capa impermeable, un desodorante y cose las toallas en medio para evitar que sus bordes molesten. Finalmente, se hacen paquetes de ocho servilletas y su marca es Suraksha (Esperanza). El costo es de catorce rupias, más dos de salario y dos de ganancia; si se tiene en cuenta que por un dólar se obtienen cuarenta y cinco, el precio no es excesivo. El gobierno ha aceptado comprar este producto, aún bastante escaso a juzgar por lo primitivo y limitado de su proceso.

En Udaipur hacemos la visita obligada a una tienda, de esas que los indios designan como emporios. Allí se venden miniaturas. Como es de rigor, los viajeros se acomodan en sillones colocados frente a varios artesanos, sentados a la manera de los yoguis, entretenidos en dibujar o colorear las miniaturas (es envidiable su elasticidad, en Occidente se ha perdido). Un empleado, perfecto expositor (los indios son maestros en el arte de la oratoria comercial), explica con minucia el complicado proceso que precede a la composición de una pintura. Luego enumera, ostentoso, a las celebridades que han pasado por allí y han comprado fabulosas cantidades de objetos: Richard Gere ha adquirido nada menos que treinta pashminas y Bill Murray sólo cuatro alfombras. Acuclillado frente a mí un artesano dibuja con un pincel rápida y ágilmente un elefante: lo observo con curiosidad; cuando el empleado termina su perorata y se dispone a mostrarnos las distintas salas donde podremos comprar, me lo regala. Espera una propina, naturalmente. No se la doy, me dan remordimientos, en cambio compro un hermoso saco amarillo cúrcuma con pespuntes, a un precio demasiado elevado, un cubrecama de lana color mostaza decorado con tigres y pavo reales, los empleados empacan rápidamente lo que he comprado y me entregan un pequeñísimo bulto; en la otra enorme sala hay miniaturas y cajas de distintos materiales y formas, compro dos miniaturas, representan escenas idílicas de amor correspondido y un elefante...

ॐ ✦ ☙

Reiterativo, frente a nosotros, el Hawa Mahal, palacio de los vientos; desde sus novecientas cincuenta y tres ventanas las damas de la corte solían espiar lo que pasaba en la ciudad, sin ser advertidas: mujeres acatando la purdah, o pardaa, palabra de origen persa que significa literalmente cortina; se refiere a la práctica antes vigente en la India para evitar que las mujeres fueran vistas por los hombres. La purdah es concretamente un pedazo de lienzo o una pared que separa drásticamente el mundo femenino del masculino, dentro de la comunidad como un todo y la familia que la constituye, la separación entre la calle y la casa, es decir, entre lo público y lo privado. Esta separación es siempre mucho más rigurosa entre los musulmanes, cuyas mujeres suelen vestir completamente de negro con velos que les cubren casi por entero el rostro.

En la película de la fotógrafa iraní Shirin Neshat, Mujeres sin hombres, premiada en el festival de Venecia en 2009, una joven despliega un enorme chador y con gran agilidad se envuelve en él, se ha convertido de inmediato en la mujer-murciélago. Allí se cuenta la historia de tres mujeres iraníes de los años cincuenta, se muestra su indefensión frente al maltrato masculino, aun la violación, disculpada en los países en donde las prácticas religiosas son fundamentalistas. Su vestido negro es literalmente una purdah, una cortina de tela que ataja las miradas indiscretas; las mujeres tienen el privilegio de observar sin ningún recato a los demás, protegidas por esos ropajes y esos velos que ¿protegen? ¿defienden? su intimidad. El límite más extremo lo constituye la burkah, un verdadero muro ambulante.

En 1953 visité El Cairo; varias musulmanas usaban ropa de colores vistosos, pero su rostro estaba rigurosamente velado; sobre la frente llevaban un curioso artefacto, una especie de dije que cayéndoles sobre la nariz les provocaba un estrabismo artificial. Las moscas paseaban libremente por su cara y las de sus niños, tanto que ni siquiera pestañeaban.

En las noticias de la televisión veo las manifestaciones que en la primavera de 2011 se congregaron contra el dictador Mubarak en las grandes plazas de Egipto, principalmente en la Tahrir del Cairo; me impresiona la presencia de las mujeres vestidas de luto cuyos velos les cubren completamente el rostro, dejando apenas entrever sus ojos; con los brazos en alto, lanzan alaridos contra el dictador, los mismos alaridos que alguna vez lanzaron las argelinas captadas en pleno grito en la película La batalla de Argel, esa famosa y bella película dirigida por Costa-Gavras. Cuando caigan los tiranos, ¿podremos reconocerlas?, ¿reconocer sus rostros? En Argelia fueron decisivas para triunfar y consumar la independencia contra Francia, hoy están recluidas en la casa y entre sus ropajes; supongo que dentro de su hogar no llevarán puesta la cortina que las separa del mundo en general y del masculino en particular.

En una de las paradas de las inmensas terminales de autobuses, rumbo a Capadocia en Turquía, las mujeres se distienden, conversan ruidosamente entre sí, se quitan el velo —los hay de muy distintas formas, el chador que las cubre por completo, dejando ver apenas los ojos (me llama la atención una que lleva anteojos, un objeto incongruente, flotando entre la tela negra), también medios velos o simples chalinas amarradas a la cabeza— y fuman cigarrillo tras cigarrillo con curiosa hilaridad.

En los retretes tradicionales de las ciudades del Oriente no hay tazas de baño como en el Occidente, sólo unas losas sobre las que se colocan los pies y el agujero tradicional en medio; no hay papel de baño, al lado, una llave y una taza de peltre amarrada con una cadena a la pared.

Durante una de mis estancias en la India, quizá en Udaipur, la ciudad lacustre, una francesa entra como yo al baño; al salir, comenta asombrada el carácter primitivo de esos lugares; me asombra su excesiva reacción. Durante mi estancia en Francia, allá por la década de los cincuenta, en todos los sanitarios franceses se utilizaba el mismo sistema que se sigue utilizando en los lugares públicos de la India o de Turquía y, en muchos lugares públicos en el mismo París, los retretes son como esos artefactos conocidos en México como los baños de aguilita. Son más limpios que los otros, aunque menos cómodos: en Inglaterra a las tazas del escusado se les llamaba commode, palabra impronunciable en labios de una dama en la época victoriana y cuyo uso en su famosa novela Pasaje a la India es reprobado con violencia por un coronel en servicio en Delhi, uno de sus lectores allá a finales de los años veinte.

ℒ◆ℳ

Jaisalmer, el Fuerte Dorado, es en verdad dorado, la arena del desierto se ha trasladado, luminosa, a sus paredes labradas. Hay un templo jainita, pintado de verdes y blancos deslumbrantes con galerías flanqueadas de hileras de santones con la boca pintada de rojo; subimos luego por una calle que lleva al fuerte, al lado de una enorme muralla color mamey; veo colgado un tapiz hecho con telas de distintos colores entramadas con espejos: se enardece mi pulsión consumista, pido el precio y empiezo a regatear de inmediato con el vendedor, el guía se interpone, me dice, no lo compre, es de muy mala calidad, los voy a llevar a una tienda donde las cosas son magníficas. No le hago caso, regateo hasta cansarme, ajusto la cantidad, estoy segura de que he conseguido una ganga a pesar de que sigo oyendo, interminables, los consejos del guía (hago asociaciones repentinas y pienso en Fiodor Dostoievski —toute proportion gardée— apasionado por el juego, esa obsesión que lo obligó como a Balzac a producir obras maestras: el consumismo, en cambio, es una pasión mezquina). Prosigo mi viaje con un paquete perfecto y polvoriento: debe haber estado colgado sobre el muro una eternidad. A mi regreso a México lo guardé en un armario, allí se ha quedado más de dos años: ¿podría utilizarlo como colcha para mi cama? No, es demasiado vistoso y chocaría con los demás adornos de mi pieza; ¿podría colgarlo en un muro? Imposible, nunca podría tener muros disponibles, semejantes a los de la muralla del fuerte de Jaisalmer y, además, todas las paredes que limitan las habitaciones de mi casa están sobrecargadas de libros y de cuadros. Entonces, ¿para qué lo compré?

En Jaisalmer mis compañeros recorrieron el desierto del Thar a lomo de camello: a mí me dio miedo montarme en uno que se llamaba Michael Jackson, conducido por Ali, musulmán

97

como los demás camelleros. De niña me tiró un burro y esa ridícula aventura me ha hecho cobarde, por eso recorrí las dunas echada en una carretilla adosada a una bici-riksho; como iba de espaldas al paisaje tuve una vista privilegiada de los demás viajeros. Visité las pirámides de Guiza en 1953, las vi desde arriba, montada en un camello, protegida por mi marido y por un guía, altanero y demandante como los que luego me tocaría soportar en la India.

Más tarde, de regreso en el tren, ese palacio sobre ruedas que me conduce por el Rajastán, vuelvo a sentarme a cenar en la mesa que me han asignado junto a la pareja de indios exiliados en California y comento, no sé por qué, pero en la India tengo la impresión de que todos me engañan; Ashu me mira, sonríe y dice, a nosotros nos pasa lo mismo. En silencio y un poco harta engullo mi comida, esa mezcla irredenta de comida occidental, comida americana y comida autóctona, siempre el curry eterno de todos los días, de todas las comidas, el olor sempiterno que me acompaña y satura a la India del mismo y repetitivo olor amarillo.

ೞ ✦ ೞ

Un amigo añade, la India huele a especias, sí, pero también a cilantro. Para Massud huele a alcanfor.

ೞ ✦ ೞ

Visitamos primero las cuevas de Ellora y las de Ajanta, cerca de Aurungabad, más tarde, las de Elefanta, una isla situada frente a Bombay, repleta de monos y de monas, cargando a sus cachorros. Cada cueva es un templo lleno de murciélagos (y de su olor), budas gigantescos, los lingam, enormes penes que se veneran con devoción, o divinidades indias con la cintura sinuosa, las piernas arqueadas en actitud de danza como en los templos eróticos de Kurajaho.

98

Ajanta fue redescubierta por un soldado británico que se perdió en un bosque intricado, hoy desaparecido.

Allí me ofrecieron hace seis años un palanquín que cargaban dos indios; rehusé, me parece inhumano, los cargadores son excesivamente delgados, parecen niños desnutridos, lo son; detrás, otro palanquín en el que van apoltronadas dos señoras excesivamente gordas con la frente decorada con sus lunares rojos.

Subo como desesperada los escalones de alto peralte; me canso, llego con la lengua de fuera, una heroína, me digo, orgullosa, sudada y las piernas temblando, casi sin fuerzas para admirar las cuevas, situadas al costado derecho de las escaleras. En realidad en ese momento no me interesan las obras de arte, lo único que me importa es probarme a mí misma que soy capaz de vencer obstáculos, ¿acaso hace trece años no realicé una proeza semejante? Subir y bajar sin mostrar ningún cansancio los mil y un escalones que median entre el turista y las catacumbas cristianas en Capadocia; o, si sigo recordando para documentar mi eterna juventud, aquella vez en 2006 que, adelantándome a todos los participantes de uno de los múltiples congresos a los que he asistido, subí con agilidad las penosas escaleras que conducían a nuestras habitaciones en la Villa Medicis en Roma, permitiendo que mis años cayeran sobre los demás participantes que montaban tras de mí o, para finalizar este recuento de hazañas prodigiosas, durante mi estancia en Londres y mientras buscaba un departamento donde alojarme, tuve que tomar el metro —the tube— para salir en Holland Park: alcancé la superficie sin aliento, empujada por las fuertes corrientes de viento que estas escaleras-túneles engendran; al salir, le entregué mi billete al inspector, un oficial enojón enfundado en un uniforme sospechoso. Debí haber previsto esta odisea al leer un letrero que había sido colocado hacía dos años en la entrada: Si viaja a Holland Park se le aconseja descender en la próxima estación: hay trescientos cincuenta y cuatro escalones entre la plataforma y la calle. Ascensor fuera de servicio. Disculpe las molestias que pueda ocasionarle este desperfecto. Salgo a la luz con el vestido ajado y totalmente despeinada.

En Ajanta llevo puesta al cuello una pashmina (falsa) color mostaza (¿o es de color naranja?), la misma que usaré durante todo el viaje, aun para dormir. En mi precipitado ascenso mis compañeros más prudentes sólo alcanzan a reconocerme entre los demás turistas por ese distintivo detonante. Cuando regresé a Delhi, volví a la tienda donde la había comprado; indignada, se la mostré a los dueños del almacén, llena de esas bolitas de lana mediocre que una pashmina verdadera jamás debería producir. Se disculpan, me la cambian por otra (luego descubro que es igual a la anterior y que desarrollará los mismos defectos en cuanto la use). La de Luz es idéntica —la ha comprado en el mismo lugar— y está intacta. La usa con parsimonia. Un escritor amigo mío —escribe con el brazo izquierdo porque le falta el derecho— ha narrado mi aventura de manera extravagante, me hizo subir las escaleras de alto peralte de las cuevas budistas de Ajanta como si fuese un personaje alado, digno de Las mil y una noches; me hizo extraviarme, desaparecer. Logró que, violando los reglamentos de ese monumento, mis amigos y familiares pernoctasen en las cuevas junto con los murciélagos y algunos monjes budistas ataviados con una túnica escarlata y uno de sus brazos descubierto; austeros, sus cuerpos son sin embargo robustos, parecen luchadores japoneses practicando el sumo; los veo sentados en posición de flor de loto rezando con devoción; de tiempo en tiempo se oye amplificado por el eco el clásico ¡OMMMMMMMMMMMMMMMMMMMMMMM!

Al cabo de tres días de búsqueda infructuosa, un niño, cual emisario divino, los conduce a una de las cuevas más sagradas; allí me encuentran, me he transformado en una sacerdotisa sentada con las piernas cruzadas en posición de loto (en realidad, mi cuerpo carece totalmente de flexibilidad, soy incapaz de alcanzar con mis brazos el suelo o de ejecutar con gracia o siquiera con precisión algunos de los ejercicios que mi maestra de yoga pretende enseñarme), llevo puesta alrededor del cuello mi infaltable pashmina color mostaza, a pesar del calor; indoctrino a varios monjes: contrasta el intenso color amarillo de mi bufanda con las vestiduras púrpura que cubren por entero el cuerpo de los orantes…

℘ ◆ ℭ

Voy a Elefanta. Salimos por la famosa Puerta de la India; el malecón rodea la ciudad, un parapeto alto y separado del mar por unas piedras que semejan pulpos. Me daría terror caerme ¿me devorarían animales gigantescos y oscuros, color tinta china? El día anterior paseamos rodeados de parejas de todas las religiones y las edades, algunas con las manos entrelazadas.

Vamos en ferry; mar color de plomo, mucho viento: subimos a cubierta. Enfrente, una pareja con su hijo, el padre lo abraza; la madre, distante, más retraída, de repente lo observa con ternura, tiene alrededor de cinco años. Es el niño más seguro que he visto en mucho tiempo (pienso, a veces pienso) en la India, donde la mayor parte de los niños (visibles) camina por la calle pidiendo limosna, con voz lastimera, empezando con un alóooo que lastima. Hay también niños felices: los veo con sus padres, sobre todo sus madres, cuando visitan los monumentos sagrados o cuando regresan de la escuela y circulan en pequeños vehículos arrastrados por los conductores de los tuc-tucs.

El del barco es sin lugar a dudas un niño protegido, amado, seguro de sí mismo… La mujer lleva un pantalón piyama con rayas verticales cafés en fondo beige, la camiz —túnica— es floreada de los mismos tonos y un bermellón que rellena las flores, un atuendo digno de un diseñador; él, vestido simplemente, como su niño, de pantalón y camisa a la europea, o peor, a la gringa. Ella lleva anillos en los dedos de las manos y en los dedos de los pies —no entiendo cómo los soportan, pero se le ven preciosos—, oro en el cuello y aretes, definitivamente una familia de clase media alta, viajando para conocer los famosos templos hindúes con las efigies del dios Shiva y su esposa, la de las caderas ladeadas y una pierna alzada en actitud de danza, pura sensualidad.

Enfrente, dándole la espalda al mar, un curioso trío, un joven robusto, por no llamarlo gordo, y dos muchachas muy guapas —una más que la otra— vestidas a la moderna, pantalones a la rodilla, blusas entalladas, con aspecto medio oriental, o más bien árabe. Me entero de que son iraníes. ¿Serán hermanos, o un pequeño harén a domicilio en viaje de bodas?

Varios indios de religión musulmana: una pareja de jóvenes se abrazan, se sonríen, se empujan, uno sube una pierna encima del otro y se quitan los zapatos a la menor provocación. Amistad pura y dura, la homosexualidad, aunque obviamente sería natural, está castigada severamente, dicen, casi con la muerte. No quedo muy satisfecha con su explicación.

Llegamos a la isla, hay que subir muchas escaleras, son muy anchas y fáciles de abarcar, a los dos lados vendedores de collares de piedras falsas, pesados y atractivos, camisetas, cajas labradas ¿antiguas? ¿de marfil o de hueso? —¿no es el marfil también un hueso?—, perillas para muebles, tinteros con tapa de plata oxidada, objetos diversos que se venden a buenos precios. Llego a la explanada con muchos árboles y esta vez casi no veo monos, me sorprendo, la última vez que vine había millares, daba miedo pasar a su lado, traviesos y malignos: como diversión suelen atacar a mordidas a los transeúntes o arrebatarles la comida. Unos se apoderan de las cámaras de los turistas y sólo las devuelven si se les da comida. En cambio hay como siempre pájaros a profusión y ardillas diminutas, hermosas, y los gringos, sobre todo las gringas, se enternecen y hacen ruiditos guturales mientras les ofrecen cacahuates. En los templos me encuentro con una comitiva de gujaratíes, es decir de la provincia de Gujarati, donde nació Gandhi, varios jóvenes dirigidos por un profesor jovencito, me empiezan a hablar, ¿de dónde vengo, preguntan?, converso con ellos, me rodean, se sacan fotos conmigo, sonreímos, la intensa amistad instantánea y pasajera entre los pueblos. Vinieron a conocer sus monumentos, cosa común en la India, viajan desde lejos para conocer su país. Los extranjeros pagamos doscientas cincuenta rupias, ellos diez.

ಔ❖ಚ

Dos elefantes salvajes entraron el 9 de junio a la ciudad de Mysore y mataron a una persona. Según el ministerio estatal de educación, la víctima fue embestida cuando salía de su casa para saber qué ocurría, tras escuchar el griterío de la gente en la calle por la llegada de los animales. Uno de los elefantes penetró en un colegio de mujeres después de romper la valla que protegía el recinto; el otro entró en un área residencial y en un mercado. Los paquidermos procedían de un bosque cercano y las autoridades creen que irrumpieron en la ciudad para buscar comida, cada vez más escasa en el reducido habitat que el crecimiento urbano de la localidad les ha dejado.

Estando en esa ciudad, un amigo mío tomó un tuc tuc o riksho para ir al mercado; un elefante doméstico, ataviado como un maharajá, apareció de repente, y, para gran consternación del pasajero, introdujo su trompa en el vehículo; sin inmutarse el chofer sacó del coche el apéndice abusivo y siguió tranquilo su camino.

En Mysore visité un palacio de estilo mixto entre Occidente y Oriente, construido a principios del siglo xx: perteneció al último maharajá.

El colmo del lujo y la cursilería.

ℴ♦⅃

En la India conviene arreglarse los dientes, cosa que hace Guillaume, un amigo nuestro: ha viajado a Bangalore desde París, donde vive, para arreglarse la boca: sus sesiones con el dentista suelen ser salvajes, sus métodos, primitivos, pero eficaces y, sobre todo, accesibles.

ℴ♦⅃

Las cuatro castas principales se han desprendido de un cuerpo divino, el de Brahma, cuyo templo más famoso se encuentra en Pushkar, en el Rajastán, junto a un lago sagrado, seco en febrero cuando lo visitamos, y cuyo paisaje lunar me recordó extrañamente las películas de Andréi Tarkovski.

La primera casta la formaban los sacerdotes, los brahmanes, provienen de la cabeza del dios; la segunda, la de los kshatrías o guerreros, quienes surgieron de sus brazos; la tercera la conforman los vaisiyas, campesinos y artesanos, brotados de su cintura, y la cuarta casta formada por los sudras o sirvientes, salidos de sus pies. Todos lo saben, lo recuerdo, sin embargo, por si las dudas.

En Pushkar hay más de cuatrocientos templos; el más famoso es el de Brahma, importantísima divinidad que extrañamente cuenta con muy pocos santuarios dedicados a él. Es también famosa la ciudad por sus numerosas festividades, una es la Feria de los camellos que reúne a numerosos dueños de dromedarios de la región.

Mi amiga María José visitó la India unos meses después que yo; me cuenta que cuando estuvo en el mes de septiembre, el templo de Brahma estaba rodeado totalmente de agua. Allí recibió la noticia de la muerte de su padre en un pueblo de Extremadura; para honrarlo celebró junto con los sacerdotes del lugar un rito indio y le ofreció pétalos de flores que despa-

104

rramó en el lago. La misma ceremonia se repite mecánicamente todos los días en beneficio de los turistas, a cambio de unas cuantas monedas y serias advertencias de que, si no se recitan con devoción las oraciones, los múltiples dioses del panteón indio y sobre todo Brahma encontrarán la manera de castigarnos. De esa ceremonia ni Myriam ni yo pudimos prescindir; en mi caso, con la más profunda indiferencia, en el de ella, con un poco más de fervor. Para María José, en cambio, se trató de una experiencia única, una hermosa manera de empezar a vivir su duelo.

En Pushkar nos guió un joven brahmán, alto, elástico, muy guapo e indiferente, distinto a nuestros guías habituales. Antes de entrar al templo principal dedicado a Brahma debemos dejar los zapatos con una vendedora de baratijas; al quitárnoslos nos volvemos a ensuciar las manos, previamente enjuagadas con un agua más o menos turbia contenida en una botella, tal vez de Coca Cola. Ya en el umbral del santuario, el joven vuelve a darnos agua de la misma botella para purificarnos; se prosterna antes de subir y besa con devoción los muy sucios escalones que conducen al santuario. Luego, en un mirador con vista al lago, y una estatua de Brahma en medio, escribe en un cuaderno a petición nuestra los múltiples avatares de los dioses del panteón hindú.

El hotel donde nos alojamos es agradable, medio rústico y los cuartos están adornados con reproducciones de la diosa Durga montada en un tigre; en sus numerosas manos lleva las armas con las que atacará a los demonios que la asedian: es totalmente kitsch.

೮⃝◆೦೩

Yo hablo de las vacas, todos hablamos de las vacas cuando hablamos de este país. En El olor de la India, Pasolini también habla de las vacas: Bajo la luz descremada e impura de la luna…

vacas por las calles que caminaban mezcladas con la multitud, que se acurrucaban entre los acurrucados, que deambulan con los deambulantes, que detenían su marcha entre las que se detenían, pobres vacas obscenamente flacas, algunas pequeñas como perros, devoradas por los ayunos (y yo agrego por las moscas, esos tábanos enfurecidos que en nombre de Hera perseguían a Io, frágil ternera, víctima de la lascivia de Zeus y la venganza de una diosa), con la mirada eternamente atraída por objetos destinados a la desilusión. Era casi de noche y ellas se acurrucan en los cruces, junto a algún semáforo, ante los portales de algún edificio público, montones negros y grises de hambre y desconcierto.

ₛ◆ₗ

¿En Inglaterra se bebe la orina de las vacas?, le pregunta el maharajá a J.R. Ackerley. La respuesta es obviamente negativa; su Alteza explica entonces que en su país a todos los hindúes les exigen consumir los cinco productos de la vaca: la orina, la bosta, la leche, la cuajada, la mantequilla... ¿Y con cuánta frecuencia deben tomarse esos productos? Todos los días y en pequeñas cantidades. Y el príncipe subraya: yo debo hacerlo. Comienza a reírse cuando agrega: la bosta y la orina son muy sagradas.

Sagrada y medicinal es esta última. La mayoría de los medicamentos hindúes la contienen. El mararajah está de acuerdo, a él le gusta mucho y diariamente la bebe, como si fuese leche.

(Unos empresarios indios han decidido comercializar una bebida hecha de orina de vaca y varias yerbas medicinales para contrarrestar la invasión de la Coca Cola en ese país; se le llama la Go Cola o Vaca Cola; dicen que tiene propiedades contra los microbios, fortalece la memoria, combate la indigestión y ayuda a mantener sano el hígado.)

Ackerley formula por fin la pregunta que todos nos hacemos y difícilmente se contesta: ¿Por qué es reverenciada la vaca por encima de los otros animales? Es la Madre Universal, replica el soberano, y junto con el león, el pavo real, la abeja negra, el pájaro secretario, el colibrí negro y el cuerpo perfecto del hombre y la mujer, era considerada como el Asiento de lo Desconocido. Sin embargo, el príncipe es incapaz de explicar esa selección, como tampoco podría decir por qué el maíz, las cebollas, el apio y la espinaca no son sagrados, y por qué el gato lo es y el perro no...

Tranquilos y civilizados, esos animales participan de manera natural en la vida diaria de sus conciudadanos, los indios de piel oscura y vientre cubierto con un taparrabos blanco. ¿Acaso no las vimos hacer cola en Jodhpur, junto a los clientes de un puesto miserable donde se vendían omelets, situado cerca del hermoso arco de fina arquitectura que separa las tiendas de los artesanos del gran bazar de la ciudad? Viandas anunciadas con ostentación en un enorme letrero que, imitando la política publicitaria de los Estados Unidos, las ensalzaba como las mejores del mundo.

De todas las manifestaciones de respeto a la suciedad —pero también a la higiene—, la más asombrosa consiste en utilizar la bosta de las vacas como producto de limpieza.

ℴ♦Ↄ

La pureza de la casta depende de las mujeres, por lo que hay que protegerlas; en cambio, los hombres gozan de una mucha mayor libertad, vuelve a explicarnos Mary Douglas. La fisiología masculina o femenina se presta admirablemente al simbolismo del vaso —simbolismo utilizado de otra forma por nuestro José Gorostiza en Muerte sin fin—. Éste contiene fluidos vitales que no deben dejarse perder ni diluirse. Se considera que las hembras son literalmente las entradas por las que la pureza del contenido puede alterarse. Los machos tendrían poros por los cuales se evaporaría el semen, sustancia preciosa, debilitando así el sistema corporal. Las sanciones a los delitos sexuales se basan a menudo sobre pesos y medidas. En los sistemas patrilineales, las esposas simbolizan la puerta por la cual se accede al grupo... La sangre impura se introduce en la generación cuando la mujer comete adulterio.

‡

El antropólogo Marvin Harris afirmaba el siglo pasado que los orígenes históricos del mito de la vaca sagrada están en las costumbres de los vedas, pueblo que dominó el sur de la India entre el siglo XIX y el siglo IX a.C. y lo vincula con la creencia en la trasmigración de almas. Otra creencia es que los muertos deben atravesar a nado un río para llegar al otro mundo, y que al pagar en los templos las limosnas reglamentarias para la alimentación de las vacas, los deudos le compran al finado el derecho a ser ayudados por uno de estos animales a cruzar el río. Mito similar al de los griegos y romanos, quienes creían que los muertos debían, al cruzar el Estigia, ofrecer un óbolo al botero Caronte para llegar al Hades. Por esa misma razón, muchos hindúes solicitan en su lecho de muerte que se les permita aferrarse al rabo de una de ellas. Su cuerpo contiene unos trescientos treinta millones de dioses y diosas...

‡

Cinco intocables fueron linchados por una multitud de más de dos mil personas el 19 de septiembre de 2002 en la ciudad de Jhajjar, a menos de dos horas de Nueva Delhi. Su crimen: la sospecha de que habían matado una vaca para obtener su piel. Las víctimas se dedicaban a desollar reses para vender el cuero. La multitud los siguió hasta el puesto de policía después de que se corriera la voz de que habían sacrificado al animal, se apoderaron de varios de los hombres y quemaron a dos. Los familiares de las víctimas sostienen que fue la propia policía la que los denunció a los amotinados. Según esta versión, los agentes actuaron en venganza ante su negativa a pagar el soborno que les exigían. También afirman que si los dejaron entrar en la comisaría no fue para protegerlos, sino para retenerlos hasta que llegara el grupo dispuesto a lincharlos.

∞♦∟

Leo varios libros: Ka de Roberto Calasso y Nocturno hindú de Antonio Tabucchi; A Passage to India de Forster, su famosa novela, además de su correspondencia escrita entre 1912 y 1921. También el ya mencionado Vacación hindú de J.R. Ackerley, publicado en 1932 y por fin el Diario íntimo de la India de Mircea Eliade, escrito entre 1929 y 1931, el cual, como dice su autor, es casi una novela: He de confesar desde el principio, asevera, que el diario íntimo que publico en este libro no lo encontré entre los papeles de ningún amigo. Es mi diario, repite el escritor. O, más exactamente, lo era. Esta palabra no expresa una melancolía, sino una verificación. En otro tiempo fue mío, lo escribí yo y tal vez me reflejaba en la medida en que las confesiones de un hombre joven pueden reflejar su alma. Desde entonces han pasado unos cuantos años, no muchos, y el diario ya ha dejado de ser mío. Lo publico por tanto sin ninguna clase de embarazo. Prácticamente no me reconozco en sus páginas y, concluye: he llamado a este cuaderno novela indirecta...

Textos fascinantes, leídos con avidez: trato de digerir en mis sucesivas visitas a ese país. Releo el de Eliade, nacido en Bucarest en 1907 y muerto en 1986 en Chicago, donde fue profesor largo tiempo en el Instituto de Estudios Orientales y con quien conversé en dos ocasiones en la casa que habitaban mis queridos y admirados amigos ya fallecidos, Laurette Séjourné y Arnaldo Orfila, director de la editorial Siglo xxi, por él fundada, apoyado por los más importantes intelectuales de los años sesenta, después de que el presidente Díaz Ordaz lo separara ignominiosamente de su puesto de Director del Fondo de Cultura Ecónomica, editorial que en su época conoció sus años más prestigiosos.

Eliade, autor de libros clásicos sobre historia de las religiones, de diarios y de importantes novelas.

A diferencia de Forster y Ackerley que viajaron a la India patrocinados por uno de los muchos maharajás que todavía abundaban en ese país, durante la época del mandato británico, Eliade quiso estudiar filosofía hindú en la Universidad de Calcuta. Como ellos, observa con distancia y sentido del humor la actitud discriminatoria de los británicos y los angloindios contra los llamados natives, pero el tono se vuelve dramático cuando narra algunos episodios de la revolución civil, encabezada por Gandhi, librada entre abril y mayo de 1930 contra los invasores imperiales.

El 5 de mayo detienen al gran estadista y Eliade comenta: ...consternación nacional, manifestaciones reprimidas y castigos reglamentarios: ...en las aldeas, las mujeres son violadas con bastones, les desgarran los órganos genitales. Se conoce que es un medio seguro de intimidación; un medio civilizado de empalar a la gente... Me cuentan horrores en las cárceles de mujeres. Hay hacinadas cincuenta en cada celda, no tienen agua potable ni agua para asearse, no les permiten hacerse de comer.

Esta violencia ejercida contra las mujeres y la indignación que compartimos cuando se reitera cada vez que los nuevos y viejos Imperios inician acciones semejantes en los países que dominan no atenúa en Eliade una marcada misoginia; surge a menudo, aunque en un pasaje de su diario relate la desgracia de una condiscípula suya que al ser violada en descampado por un chofer de taxi no tiene más remedio que suicidarse y, sin embargo, con gran desprecio describe a las chicas que como él habitan una casa de huéspedes, y cuando entabla una relación con Maitreyi, la hija de su maestro de filosofía india Dasgupta, además su protector y anfitrión, no vacila en publicar, a su regreso a Bucarest, una novela que lleva como título el nombre de pila de la joven, aunque sabía perfectamente que la novela se leería en la India y conocía el frágil estatuto que allí tenían —y aún tienen— sus mujeres.

Dato reiterado que verifico en Eliade, y que parece adquirir una más clara connotación cuando se comprueba su adhesión al fascismo, documentada sobre todo en los Diarios de su amigo Mihaíl Sebastian (1935-1941), quien apenas hace algunos años ha vuelto a circular en lenguas europeas, y a quien Eliade discriminó por ser judío, cuando ingresó como muchos otros intelectuales rumanos —por ejemplo, Cioran— a las Guardias de Hierro, asociación vinculada con el nazismo.

℘✦℧

Me hacen una resonancia magnética en el hospital de Nutrición en México; me acuestan en un aparato semejante a un ataúd, le vamos a poner una especie de mascarita, explica el radiólogo. No contesto, tengo el cuerpo tenso, antes me han inyectado en las venas —si a las mías puede llamárseles venas por lo delgadas y anémicas— un líquido para el contraste. De repente, un ruido intenso como si estuviesen tronando cuetes y al mismo tiempo se pusiese en marcha una máquina de una de esas acererías que antes abundaban en Monterrey y que ahora se exhiben como esculturas en un hermoso parque en los alrededores de esa ciudad. Examinan mi cuello, tengo una carótida gorda y otra flaca: ¿de nacimiento o estoy a punto de abandonar este valle de lágrimas? Trato de no oír el ruido del aparato y el sonido me retrotrae a mi segundo viaje a la India, invitada por la Academia de las Bellas Artes, Sahaty Akademi, organismo estatal dedicado a la cultura que apoya la traducción de textos de literaturas extranjeras al inglés o a las lenguas oficiales de la India.

Uno de los temas más socorridos fue el de los idiomas indígenas; en la India se hablan varios que son oficiales según la región de que se trate (sánscrito, gujaratí, kannada, kashmiri, bengalí, malayalam, telugo, tamil, sindhu, punjabi, oriya, marathi, nepalí, asamés, manipuri, konkani, urdu..., bellos nombres, me gusta pronunciarlos), además del hindi y del inglés en las clases ilustradas.

En México ninguna otra lengua es oficial, excepto el español... Observación de Perogrullo. Nos recibieron amablemente un narrador y un poeta que escriben en sus lenguas vernáculas, el secretario y el vicepresidente de la Academia de Letras, este último, un sikh con un turbante perfecto y magnífica elocución. Luego nos enseñaron el edificio y nos invitaron a visitar la biblioteca de la academia; en el segundo piso, al llegar a las escaleras nos sorprende un olor nauseabundo, como el que emana de las alcantarillas cercanas al palacio de Bellas Artes en México; miro a mi derredor, sólo mis colegas lo notan, nuestros huéspedes parecen no advertirlo. La biblioteca es precaria, hay relativamente pocos libros, polvorientos y maltratados, nos la muestran con orgullo, me recuerda una biblioteca de la colonia Agrícola Oriental.

En Bombay hubo mayor asistencia de escritores: había poetas, novelistas, un autor de cuentos para niños, algunas escritoras vestidas con suntuosos saris de seda que lucen con gran distinción. Los escritores procedían de regiones muy diversas de la India y leyeron obras de su autoría en sus idiomas, traducidas luego al inglés. Los asistentes entusiasmados aplaudían con vehemencia. Pensé que todos los concurrentes entendían cada uno de los idiomas utilizados: no era así, el puro sonido de las palabras les provocaba un gozo enorme, evidencia de una sociedad que conserva su tradición oral. Una escritora joven recitó versos con voz bien timbrada y buen registro en esa reunión en Mumbai. Llevaba un bello sari color plateado, era una poeta, tenía como sesenta años y me explicaba que la India no es un país religioso, son los políticos quienes exigen que lo seamos, agrega. Otro poeta —médico además—, me manifestó su gran admiración por México, pero, algo me preocupa, dijo, ¿por qué son ustedes tan violentos?

La guerra de Independencia contra los ingleses que culminó en 1946 provocó a su vez una guerra civil, la separación de Pakistán y, más tarde la de Bangladesh, causando trastornos enormes en la India, una ola de masacres provocada por odios raciales y religiosos.

ɛͻ ✦ ͼɜ

Mumbai es fascinante. Su malecón junto al mar le da un aire de ciudad mediterránea. El hotel es cómodo, moderno y casi idéntico a cualquier establecimiento de ese tipo en los Estados Unidos: el olor a especias lo desmiente. Visitamos el museo de antigüedades y arqueología; desordenadas, numerosas piezas se confunden en las vitrinas polvorientas. Los jardines colgantes, luego, ¿al estilo de los de la reina Semíramis, famosa en la antigüedad? No, bien cuidados, con macizos de flores, avenidas decoradas con guijarros de colores en forma de grecas, hablan de su influencia inglesa; casi al ras del suelo, varias mujeres de la casta de los intocables barren con escobas diminutas y desmelenadas los prados, su única misión es recoger la basura y las inmundicias. Vamos rumbo a la casa de Gandhi, construida a la manera occidental, los pisos de mosaico como los que se usaban en los años cuarenta, pocos muebles, unos cuantos objetos indispensables y una sala especial con figuras que reproducen en miniatura distintos momentos de su vida, su rueca, sus tejidos; además, su biblioteca con millares de libros y periódicos y numerosas fotos.

ɛͻ ✦ ͼɜ

Nuestro guía, jorobado, cojo, tuerto, hediondo, nos lleva a donde se le antoja, visitamos varios puestos en los distintos bazares; recorremos las calles aledañas; en una enorme extensión se ordenan por oficios los negocios; en el mercado, los habituales

113

montones coloridos de las especias; destacan las joyerías donde se venden sólo brazaletes, numerosas pulseras muy delgadas con que las mujeres adornan sus brazos sin importar la casta a la que pertenecen. En los locales más caros hay pulseras de oro y piedras preciosas, en las calles, puestos ambulantes con brazaletes de pacotilla, de plástico y piedras falsas.

Un mendigo nos mira, su cuerpo y su rostro nos hace recordar las hermosas figuras que representan en el arte olmeca a los atletas. Se apoya sobre una tabla con ruedas, a manera de pedestal, como se apoyan los torsos de las estatuas en los museos. En la India, país donde la mutilación, la enfermedad, el estado de intemperie y la suciedad son cosas naturales, este hombre es con todo singular. No tiene brazos ni piernas, está totalmente desnudo y lo que de su cuerpo se ofrece a nuestra vista indica que sus órganos genitales han sido cercenados.

ೞ✦ೞ

Acabo de ver un documental de Walther Rutman sobre la ciudad de Berlín, filmado en 1927. Amanece, las calles desiertas, un periódico impulsado por el viento se detiene en una alcantarilla, la cámara avanza, aceras solitarias; todavía es temprano, unos pies surgen de repente, van acompañando a un hombre que sale de un edificio para pasear a su perro; una pareja con otro perro aparece de inmediato y casi sin transición aparecen muchos hombres más que se dedican a la misma actividad, poco antes de iniciarse las tareas cotidianas.

A nadie se le ocurriría en la India pasear a un perro por una ciudad, andan sueltos, son pequeños, hambrientos, escuálidos, sarnosos. Tal vez en el campo cumplan todavía con su tarea tradicional de pastoreo.

ೞ✦ೞ

Visito Galta, siempre tuve curiosidad por conocer la vieja ciudad en ruinas, sobre todo porque admiro El mono gramático

114

(1974), el más logrado (para mí) de los libros que Octavio Paz escribió sobre la India, donde continúa su obsesiva reflexión sobre Las palabras, título de un poema coleccionado en Libertad bajo palabra, en la década de los cuarenta: Dales las vuelta, cógelas del rabo (callen, putas)...

ℰ✦ℭ

El mono gramático se refiere a Hanumán, el dios simio de la mitología hindú —a quien está consagrada Galta, ciudad del Rajastán, situada muy cerca de Jaipur. El poeta empieza la sección sexta de su libro con estas frases: Manchas: malezas: borrones. Tachaduras: Preso entre las líneas, las líneas de las letras. Mordido, picoteado por las pinzas, los garfios de las consonantes. Maleza de signos: negación de los signos. Alfabetos podridos, escrituras quemadas, detritos verbales. Cenizas. Idiomas nacientes, larvas, fetos, abortos. Maleza: pululación homicida. Plétora termina en extinción: los signos se comen a los signos. Maleza se convierte en desierto, algarabía en silencio: arenales de letras.

Paz sigue luchando con las palabras y la naturaleza devastada: las ruinas de Galta lo ayudan a combatirlas, por ello exige domarlas, se mide con un entorno y unas ruinas cuyos signos lo desafían y amenazan. ¿Cómo describir un paisaje y un lugar sagrado sin destruir un sitio ya demolido? El resultado, un largo poema en prosa —olor de brasa encendida en todo el cuerpo—, multiplica las apariencias y la muerte, pretende aniquilarlas.

ℰ✦ℭ

¿Y yo qué hago en Galta, qué puedo decir de Galta? Voy con Myriam Moscona: nuestros recuerdos se encabalgan. Llegamos después de un tedioso y largo viaje, desde Agra, donde hemos visitado de manera reglamentaria el Taj Mahal: ¿cómo ir

115

a la India y no visitar una de las maravillas del planeta, aunque en mi caso sea la tercera vez? ¿Cómo no abominar de un monumento cuya acrisolada perfección, exacta simetría, garigoleados encajes de mármol, la afluencia alelada y mansa de turistas, me sofoca? Fuimos luego al Fuerte Rojo y a Fatepur Sikri —lugar que visité en mi primer viaje y que había olvidado totalmente y cuyo nombre mi hija Alina recuerda haber anotado, además de fotografíar el sitio.

₲ ◆ Ↄ

Galta, sí, Galta. Camino polvoriento, repleto de guijarros y de plantas calcinadas, gente andrajosa caminando por la carretera muy estrecha como todas las carreteras secundarias de la India, por donde transitan milagrosamente camiones y coches en una y otra dirección sin destruirse y cuyos pasajeros van con el alma en vilo. En la India no hay accidentes, sólo pasan cosas, le dice nuestro chofer Jalil a mi amigo Alejandro: está visitando los mismos lugares que nosotras visitamos hace unos meses.

Galta casi desierta: a la entrada, unas rejas oxidadas, un hombre amable y delgado nos recibe, ha hablado con nuestro guía, quien paga el precio del boleto y nos compra una bolsa de cacahuates para entretener a los monos, pues en un sitio consagrado a Hanumán, los simios reinan y asimismo las monas, encaramadas sobre las ruinas, cargando a sus cachorros y espulgándolos con una paciencia infinita: lo hacen con el mismo decoro y eficacia con que las mujeres acuclilladas en las aceras de Calcuta despiojan a sus hijos. El consabido domador de serpientes nos espera, patético como la pobre víbora a quien se ha privado de veneno, falsa réplica de una ferocidad antigua. Otras rejas oxidadas dan entrada a la vieja ciudad cuyos palacios —casi florentinos, admite Paz— están dilapidados, ascendemos por la escalera que conduce a los templos y a los estanques donde hacen sus abluciones los santones, unos cuantos turistas nos acompañan, muy pocos, subimos, rodeados de monos:

...esos machos fornidos que se rascan sin parar y gruñen enseñando los dientes si alguien se les acerca, comenta Paz, hembras con las crías prendidas a las tetas... monos colgados a las cornisas y las balaustradas... monos que se masturban...

ℵ✦ℛ

El mono gramático podría ser simplemente un libro de viajes, un itinerario de Paz por el camino de Galta en la India y un paseo por un jardín de Cambridge en Inglaterra o por la casa de la embajada mexicana en Delhi, pero también un camino iniciático como los recorridos en el mundo occidental, quizá a partir de Prudencio, cuyo peregrinaje lo conduciría sin rumbo fijo a una única finalidad que sería precisamente su no finalidad, aunque también podríamos decir que el libro de Paz es un viaje interior, un camino para intentar descubrir el sentido mismo del lenguaje, sus trampas, idea obsesiva que más tarde lo llevaría a intitular su libro sobre Sor Juana Inés de la Cruz, *Las trampas de la fe*.

La búsqueda del camino y el terror ante ese fin incierto da cuenta de ciertas figuras y estados obsesivos, circulares, imágenes visionarias e inquietantes, acontecimientos sagrados apenas percibidos que nos llevan a un gran solipsismo final: El camino, vuelve a decir Paz, también desaparece mientras lo pienso, mientras lo digo. La sabiduría no está ni en la fijeza, ni en el cambio, sino en la dialéctica entre ellos. Constante ir y venir: la sabiduría está en lo instantáneo. Es el tránsito. Pero apenas digo tránsito —repite el poeta— se rompe el hechizo. El tránsito no es sabiduría sino un simple ir hacia... el tránsito se desvanece: sólo así es tránsito.

Pero en esa constante fluctuación entre lo que aparece y desaparece a pesar de que permanezca o se pretende que permanece inscrito indeleblemente por el lenguaje, hay también un recorrido concreto, el de la experiencia real de una larga y memorable estancia en la India, a cuya memoria Paz le ha dedicado un lugar especial; nos conduce por la vereda rumbo a Galta, cuyo nombre llevaría también al vacío y sin embargo dibuja algunas colinas reales, achatadas por siglos de ventiscas y dominadas por llanos amarillentos, producto de largos meses de sequía. Como si Paz verificara, en ese arduo trayecto para encontrar las palabras, borrarlas y volverlas a escribir, un verdadero paisaje erosionado por la historia y por el clima, un paisaje premonitorio, el de su propio país.

La palabra, sigue diciendo el poeta, tal vez no es quietud sino persistencia: las cosas persisten bajo la humillación de la luz. Mientras tanto, las palabras se pulverizan, se vuelven silencio, las cosas son más cosas, todo está empeñado en ser, nada más en ser. Es la ruptura, separa a las palabras de los objetos, a la poesía de la historia, a los caminos de la religión. Entre los atributos de la realidad estaba el ser simbólico: ríos, rocas, animales, astros, seres humanos, todo era un jeroglífico sin dejar de ser lo que era. Los signos adquirieron la dignidad del ser: no eran un trasunto de la realidad: eran la realidad misma, admite Paz. O más exactamente: una de sus versiones. Si la realidad del mundo era emblemática, cada cosa y cada ser era símbolo de otra. El mundo era un tejido de reflejos, ecos y correspondencias, concluye.

Aunque Paz se refiera en Las trampas de la fe a la mentalidad del siglo XVII y por extensión a la de sor Juana, traza al unísono una analogía con la mentalidad del poeta moderno, es decir con la suya propia. De algún modo, hace lo mismo cuando se refiere a Galta. Sigo tirando del hilo y llegó a una conclusión más o menos terrorífica: sor Juana representó una mentalidad, la del criollo novohispano, orgulloso de una identidad en formación que daba cuenta de un país maravilloso con una naturaleza exuberante, definitivamente superior en su riqueza y en su belleza a cualquiera otra, una naturaleza a la que el mismo sol y hasta la virgen de Guadalupe privilegiaban: Paz es representante de un país en el que tanto el Estado como la naturaleza se han ido degradando de manera dramática. Lo asocio con la figura de un cacique intelectual, con la figura de un Huitzilopochtli, dios alimentado con sangre y cuerpos humanos gracias al cual el mundo prehispánico se mantenía vivo.

Sigo trazando la analogía: la muerte de Paz estuvo dibujada con tinte apocalíptico: ¿no se está devastando México, no desaparece el Estado y la naturaleza no se ha vuelto adversa? ¿Esas terribles sequías que nos calcinan y trastornan el paisaje, como antes le sucediera a la ciudad de Galta ya en ruinas desde principios del siglo xx, pulverizada por el sol, los escombros y la basura, según nos la describe el mismo poeta en El Mono gramático, no serán la premonición de nuestro futuro o de un presente muy cercano? ¿No nos enceguece la luz contaminada de nuestra ciudad abandonada por el agua, humillada por el calor, nuestro Distrito Federal, alguna vez Tenochtitlan y ahora la ciudad menos transparente del aire? Pero temo caer en un Apocalipsis de bolsillo, como de alguna forma también le sucediera a Paz, quien inició su triste camino hacia la muerte con el incendio de su casa y la desaparición de muchos de sus libros y sus objetos queridos y quien murió dejándonos en el desamparo, en el caos, en el incendio de los cielos y de los bosques. ¿Querría anunciar su muerte la terminación de un siglo y el comienzo de uno nuevo, como creían los aztecas?

¿Hay de verdad entre sor Juana y su Primero Sueño y Gorostiza y Muerte sin fin un vacío de doscientos años como lo declaraba Lezama Lima? Y entre Paz y este nuevo vacío, ¿cuántos más?

Pero creo que las correspondencias o las analogías me han llevado demasiado lejos. Sin embargo y para insistir en este tono apocalíptico, termino con un fragmento de El mono gramático:

No quería pensar más en Galta y en su polvoso camino, y ahora vuelven. Regresan de una manera insidiosa: a pesar de que no los veo, siento que están de nuevo aquí y que esperan ser nombrados… ¿Pienso? No, Galta está aquí, se ha deslizado

en un recodo de mis pensamientos y acecha con esa existencia
indecisa, aunque exigente en su misma indecisión, de los pensamientos no del todo pensados, no del todo dichos… Inminencia de la presencia antes de presentarse. Pero no hay tal
presencia antes de presentarse. Pero no hay tal presencia —sólo
una espera hecha de irritación e impotencia. Galta no está aquí:
me aguarda al final de esta frase. Me aguarda para desaparecer.
Ante el vacío que produce su nombre siento la misma perplejidad que frente a sus colinas achatadas por siglos de viento y sus
llanos amarillentos sobre los que, durante los largos meses de
sequía, cuando el calor pulveriza las rocas y el cielo parece que
va a agrietarse como la tierra, se levantan las tolvaneras…

Y entonces, ya no es únicamente Paz: es Alfonso Reyes con su
Palinodia del Polvo, Juan Rulfo con su Llano en llamas, Carlos
Monsiváis con sus Rituales del caos y Galta se transforma de
inmediato en un paradigma.

∞❖∞

El tiempo avanza de manera vertiginosa a medida que envejezco. Resultado: una irremediable y profunda melancolía…

∞❖∞

Si se lee una guía, se comprueba que en ningún lugar se tiene
ahora garantía de ver a un tigre, especie en desaparición y figura esencial de la literatura inglesa, por ejemplo El libro de
la selva de Rudyard Kipling, o, imprescindible, en las pinturas
Marwar. Un personaje de Conan Doyle, el malvado coronel
Moran, fue en la India un temible cazador de tigres. Por sí solo
exterminó más de seiscientos con una pistola de aire y balas
expansivas.

En cualquiera de los viajes organizados para visitar esa región,
una de las principales atracciones es la posibilidad de admirar

a los felinos en su hábitat natural, junto con los proverbiales elefantes, cobras y fakires. Desde 1972, cuando ya estaban en peligro de extinción, Indira Gandhi designó nueve áreas selváticas para preservarlos, mediante el llamado Proyecto Tigre, cuya idea específica era la de incrementar su número, disminuido entonces a dos mil ejemplares: a principios del siglo xx paseaban por las zonas salvajes de la India cerca de cuarenta mil y, en febrero del 2010 en que yo volaba hacia Calcuta, se leía en el moderno aeropuerto de Delhi un anuncio avisando que sólo quedan mil trescientos once tigres en la India (o quizá mil trescientos cincuenta y seis).

₲♦₳

Cuando decidí emprender un crucero por tierra uno de los atractivos principales anunciados en el folleto de propaganda era el parque de Rathambore, situado a diez kilómetros del cruce del tren, cerca de una población comercial denominada Sawai Modhapur. El día en que nos tocaba visitar el parque me rezagué y fui agregada al grupo que portaba un distintivo amarillo, grupo donde no conocía a nadie; ocupamos un jeep gigantesco sin techo de la marca Canter con capacidad para más de treinta pasajeros; conseguí asiento solamente en la última fila, allí donde los tumbos del pedregoso camino se percibían en todo su esplendor; además, cuando el guía anunciaba con su voz estentórea algo verdaderamente sensacional, los pasajeros de las filas delanteras se levantaban, sacaban fotografías y me obstruían totalmente el panorama. Delante de mí, una pareja de pensionados australianos, los dos calvos, la calvicie de él me parece natural, la de ella, con sus pelos rojizos teñidos, aplastados por el sudor contra su cráneo, me produce angustia.

Ranthambore fue uno de los sitios de cacería predilectos de los reyes de esa zona, ocupación prohibida a los simples mortales; poco tiempo después de la independencia fue declarado refugio ecológico, muy famoso en la década de los ochenta, gracias a unos documentales que exaltaban la presencia de tigres amistosos, los que, antes de ser exterminados, circulaban tranquilamente por los senderos del parque sin atacar a los viajeros. Cuando una década más tarde se advirtió que decrecía su número de manera alarmante, se descubrió que los guardias forestales encargados de vigilar el sitio eran quienes propiciaban su caza furtiva. Desde entonces, ya más vigilados, se pretende que se ha logrado incrementar su número en un dieciséis o veinte por ciento, aunque como pude comprobar en ese paseo el proyecto no ha tenido gran éxito. Parece que en algunos lugares se ha logrado salvarlos de la extinción, pero su hábitat se ha reducido: incapaces de deambular por los espacios enormes a los que estaban acostumbrados, salen de sus madrigueras, se saltan las rejas de los parques ecológicos y atacan a los habitantes de los poblados cercanos. El círculo vicioso recomienza: la gente y los tigres son enemigos, se aniquilan mutuamente.

En uno de los recodos del parque, un inmenso letrero, un inventario de las numerosas partidas de caza realizadas desde finales del siglo XIX hasta mediados del XX; los maharajás de la región, algunos virreyes ingleses y un príncipe de Gales celebran sus hazañas dando cuenta del número de animales muertos como trofeo. A medida que avanzábamos por los senderos, nuestro guía señalaba un sitio en medio del bosque y exclamaba a voz en cuello que acababa de ver a un tigre; nos hacía descender del vehículo y, ya en tierra, nos mostraba triunfante las huellas de dos de sus patas, quizá las delanteras.

Admiré en cambio muchas especies de pájaros, algunos cocodrilos que nadaban en los lagos que atraviesan el lugar y un alce provisto de numerosos cuernos.

೮◆೪

Cerca de Agra, el santuario de pájaros llamado Keoladeo Ghana, uno de los pocos lugares donde anidan las garzas de Siberia y numerosas aves migratorias provenientes del Asia central, como las cigüeñas y los cormoranes.

Apenas montados, como yo, en uno de los numerosos rikshos que esperan colocados en fila a los viajeros a la entrada del parque nacional, mis compañeros de viaje empuñan la cámara y sin discriminar sacan millares de fotos, da la impresión de que son incapaces de apreciar lo real. Regresamos, nos escoltan nuestros guías, conteniendo a las multitudes que en la estación nos impedían el paso, al grado de que un diluvio de peatones que bullía como una fuga de agua interminable nos detuvo y nos hizo esperar más de media hora antes de poder atravesarla y abordar nuestro tren. El poblado en que nos encontramos es pequeño.

Me viene a la cabeza de inmediato el puente Howra en Calcuta; está situado frente a la estación de ferrocarril de la ciudad, es enorme, de bella y sólida arquitectura: tiene que serlo, ¿cómo soportaría de otra forma el peso de las multitudes que diariamente lo recorren?

₲✦₻

Estoy en Calcuta (Kolkata, la llaman ahora en esta vertiginosa alteración de los nombres o quizá, simplemente, el verdadero nombre de la ciudad y el que conocíamos transcribía de manera exacta la ortografía inglesa y su forma de pronunciar las palabras), alguna vez una bella urbe, capital de la India británica,

Un hombre junto al Ganges (en su transcurso más estrecho y aún más sucio que en Benares) se prosternaba y rezaba con gran devoción como si estuviese solo; a su alrededor, animales, gente, desechos, flores marchitas. Algunas mujeres también se prosternan. Como de costumbre, la ropa recién lavada se extiende sobre los escalones, colocan una pieza junto a la otra en grandes cuadrados de telas coloridas, formando un brillante rompecabezas. En otro, las telas son de un azul muy intenso, casi moradas.

Visitamos un barrio muy popular, cerca del templo de la diosa Kali; en una esquina y entre puestos de chucherías

123

un hospital fundado por la madre Teresa, edificio de estilo inglés cuyo portón ostenta un letrero que corrobora su carácter. Nuestros guías, jóvenes universitarios, conocen bien el barrio y pueden protegernos de encuentros desagradables, nos aseguran; nos acompañan y, al entrar, una monja albanesa —vestida como la fundadora con su hábito blanco y el velo decorado con tres hileras de rayas en gradación y de color azul— les prohíbe el paso y los trata como si fueran malvivientes; no lo entendemos, tampoco ellos. Un sacerdote rollizo los saluda e intenta dejarlos entrar: la monja es inflexible: furiosos, nuestros amigos deben permanecer en la calle: profesan el hinduismo; uno pertenece a la casta de los brahmanes, es gentil y sus ojos de un verde intenso son impresionantes.

La misma monja nos conduce a la primera sala, donde se alojan los enfermos mentales, revueltos los niños, los jóvenes y los viejos: gesticulan, gritan o permanecen alelados; la segunda es sólo para mujeres y tiene desniveles: en el más alto, las desahuciadas; junto a una cama, un sacerdote administra los santos óleos; una agraciada joven española que pasa dos semanas en el hospital todos los años y trabaja en un banco en Madrid nos explica que se trata de una mujer a quien su marido le ha arrojado ácido en el cuerpo y en la cara.

Myriam y yo salimos del hospital, muy conmovidas; cerca está el templo de la diosa. En la calle los numerosos vendedores ofrecen reliquias, múltiples estatuillas y máscaras de la divinidad negra, la patrona de la ciudad, una especie de virgen de Guadalupe, —recordemos que debajo de su efigie, la de la Guadalupe, solía encontrarse otro bulto, el de Tonantzin, a quien se le sacrificaban niños como ofrenda (lo asegura por ejemplo Manuel Payno en Los bandidos de Río Frío)—; Kali nos saca la lengua y un collar de cráneos humanos la decora; venden asimismo figuras diminutas de metal con diversos dioses de la religión hinduísta; al lado los atuendos con que se les puede ataviar como si fuesen muñecas para vestir: los compran para venerarlos, colocados en altares domésticos. Hay golosinas y comida también. Nuestros amigos compran dulces, nos los

ofrecen, yo tomo uno y me lo pongo en la boca, es una especie
de mazapán; a señas, Myriam me pide que no me lo coma, que
lo tire: uno de los jóvenes invitados a la Feria del Libro de
Calcuta dedicada a México tuvo que ser transportado de urgen-
cia a un hospital por haber consumido alimentos en la calle. El
dulce se me atora en la boca, trago saliva y un poco de esa materia pegajosa se me pega a los dientes, me adelanto y escupo
con disimulo para evitar que nuestros hospitalarios amigos
lo adviertan y se ofendan.

Montones de basura impiden nuestro avance, cerca de uno de
ellos, sentado en el suelo sobre las inmundicias, un jovencito
juega con una niñita de intensos ojos negros, vestida con un
traje verde perico tachonado de lentejuelas.

❧ ◆ ☙

Fuimos a un crematorio en Calcuta, vimos llegar un grupo de
cuatro individuos llevando sobre unas parihuelas y a todo tro-
te a un hombre muy viejo y muy delgado que aún conservaba
puestos sus anteojos —se bambolean junto con el cadáver—, la
boca apretada por un lienzo y en los orificios nasales unos al-
godones blancos. Se detuvieron de golpe a la entrada del crematorio, bloqueada por otros tres muertos que esperaban su
turno: la misma precipitación, el mismo estatismo, que en el
baile de los jóvenes arremolinados en la explanada del templo
de Humayún o en la del fuerte de Jaipur. Era como ver de nuevo la filmación de una película. El olor a carne quemada que
aprendimos a distinguir en Benares desmiente esa impresión.
A la entrada de los crematorios hay barberos, rasurarán los cráneos de algunos de los deudos. Se perfora el cráneo del muerto con una caña de bambú aguzada para evitar que estalle y la
consiguiente dispersión de los fragmentos de la bóveda cra-
neal. En la India, cuando la pobreza es extrema y la familia no
puede adquirir ni siquiera la bosta de la vaca, tiran el cadáver
al Ganges, que se los lleva lentamente flotando como si fuera

125

un tronco. Los buitres le servirán de ataúd. Separados por un muro, en el jardín de al lado, nichos con pinturas populares, representan a Krishna con su rostro azul junto a algunas vacas; a Rada, su esposa y, en otro de los nichos, la lechera famosa que fue su amante; el joven amigo que nos guía comenta que al dios le gustaban mucho las mujeres, también la mariguana.

Una de las ocupaciones de los santones jipis de Varanasi es fumar yerba.

൭◆ൟ

En las calles de Kolkata los hombres se bañan (hay regaderas distribuidas a lo largo de las banquetas), otros se afeitan, las mujeres despiojan a sus hijos —¿dónde se bañan las mujeres?— y los embotellamientos son prodigiosos. Vamos luego al mercado de las flores, elemento indispensable en todos los rituales, las guirnaldas para los templos o las puyas —oraciones—; los pétalos se rebanan con un instrumento especial y arcaico; cada tipo de flor dedicada a un dios en particular o a ciertas ceremonias, a veces las rosas se ofrendan enteras, esas rosas siempre presentes: en Delhi cubren la tumba del profeta sufí Nizamuddin o en Benares sirven de adorno en las casas, nadan en vasijas repletas de agua.

En la noche, una boda en el lujoso hotel donde nos albergamos, el Taj Mahal: millares de flores suntuosas de distintos tipos —incluyendo las orquídeas— se reparten artísticamente en los salones donde se desarrollará la ceremonia, un verdadero desenfreno floral: febrero es un mes propicio para las bodas. La cantidad de flores es enorme, decoran los distintos salones donde se congregarán los invitados; su disposición es perfecta, para lograrlo han invitado a expertos decoradores, especialistas en adornos florales: el padre de la novia los aloja, como a sus demás invitados en el mismo hotel. Las mujeres entran vestidas con sus saris, en las manos tatuajes falsos hechos con henna, son amuletos, protegen contra la muerte —de sus maridos—. Bodas semejantes a las de nuestros políti-

126

cos o empresarios, despilfarro y belleza dentro y miseria al derredor.

A un costado del mercado de las flores, el Ganges, ya muy estrecho y extremadamente sucio, donde la gente se baña, reza, lava su ropa, hace yoga, saluda al sol (exhala e inhala conscientemente y siente como tu respiración recorre tu espalda, incorpórate, me dice mi maestra Pati, ve levantando poco a poco las costillas, una por una, regresa y haz la misma operación: lo último que se recarga en el suelo es el coxis; vuelve a inhalar, lleva la respiración hacia el vientre, siente con tus manos cómo se infla, es ya un globo, como si tus manos tuviesen ojos; exhala suavemente, vuelve a recargar el coxis sobre el suelo para no lastimar tus lumbares; coloca los pies en el piso y, con el metatarso, impúlsalos, se levantarán por sí solos, como si quisiesen alcanzar el cielo). Cerca de la orilla una estatua de la diosa Kali, enteramente embadurnada de pintura roja muy espesa, de pie sobre un dios en actitud de triunfo. Como ya lo he dicho, Kali suele representarse con un collar de cabezas degolladas, la cara negra y la lengua de fuera. Su templo es sobrecogedor, muy sucio, como casi todos los espacios públicos en la India —excepto los monumentos con sus jardines y los hoteles de lujo ¿Las mansiones de los ricos? ¿Los palacios gubernamentales?

La gente se arremolina y se empuja para entregarle sus ofrendas a la diosa, en tanto que hombres robustos con trapos sebosos en las manos oponen resistencia para impedir que la gente se precipite dentro del altar. Afuera, un templete. Varias cabritas negras esperan el momento de ser sacrificadas, un hombre las sostiene y, presintiendo lo que les espera, balan lastimeras; un verdugo les rebana el cuello, la sangre se mezcla con el agua y la basura, otro hombre recoge el cuerpo cercenado y un niño de unos cuatro años carga la cabeza sanguinolenta y las gotas de sangre se esparcen por el suelo. Hemos entrado, obviamente, sin zapatos.

Los parsis son los miembros de una comunidad de religión zoroástrica. Descienden de los persas que emigraron a la India en el siglo VII para escapar de la persecución religiosa. Es una comunidad pequeña y próspera, se han concentrado sobre todo en Bombay y, en un país donde abundan los mendigos, los parsis son prósperos: proviene de esa secta el industrial Tata y varias reinas de belleza de la India, el novelista Rohiston Mistri y Rahiv Ghandi, el hijo de Indira y nieto de Nehru que por ser hijo de parsi e hindú fue incinerado al morir. Los parsis dejan a sus muertos en las Torres del Silencio para ser devorados por las aves de presa, que como otros animales están en proceso de extinción en la India y en el mundo. Enterrar a los muertos significaría contaminar cualquiera de los cuatros elementos, la tierra, el fuego, el aire y el agua.

Sobre un templo apenas visible en un recodo de una calle de Bombay —se prohíbe contemplar los rituales funerarios de esta antigua religión— he visto revolotear los buitres devorando unos cadáveres, sus huesos luego se blanquearán al sol.

El famoso roquero Freddie Mercury, originalmente Farrokh Bulsara, nació en Tanzania, fue criado en la India en esta religión; como vocalista del famoso grupo británico Queen sus discos alcanzaron ventas altísimas. También el director de música clásica Zubin Mehta es parsi.

Al morir, los cadáveres se expondrán al sol en una torre semejante a la que desde lejos atisbé en Bombay, una mañana en que el vuelo desaforado de unas aves detuvo mi atención.

Los actos cotidianos, incluyendo las maneras de mesa y de cama y los hábitos de limpieza, son inseparables de lo sagrado. En ciertas sectas de la India, como por ejemplo la de los haviks, los brahmanes separan los alimentos crudos no contaminados de los cocidos, alimentos portadores de polución. El acto de comer puede considerarse impuro cuando intervienen gestos que —se piensa— acarrean la contaminación. La saliva, aun la propia, es una secreción inmunda. Si por descuido un brahmán se lleva los dedos a la boca debe lavarse de inmediato y cambiarse de ropa.

La contaminación por la saliva se transmite igualmente a través de ciertas sustancias. Estas dos creencias hacen que el agua se beba vertiéndola directamente en lugar de posar los labios sobre los bordes de una taza y, antes de ingerir cualquier alimento, es necesario lavarse las manos y los pies.

⅚◆℻

Gandhi exclamó poco antes de morir: Si se sigue al pie de la letra el proverbio ojo por ojo y diente por diente, en breve lapso desaparecerán los seres humanos.

⅚◆℻

Cuando regresé a México llevaba en mi bolsa de mano cuatro frasquitos de perfume comprados en el barrio musulmán de Delhi, por las callejuelas que rodean el santuario del poeta sufí Nizamuddin, en una pequeña perfumería. El propietario, un musulmán con turbante, reforzaba mi vivencia: no era posible que hubiesen transcurrido cientos de años entre mi visita y la de algún hermoso personaje barbado a otra perfumería idéntica situada en la ciudad de Bagdad; los mismos olores intensos como la mierda y el curry que a cada paso me acompañaban, nos perseguían en nuestro transcurso indio, la misma sensación de nostalgia y alegría, la misma exasperación, el mismo odio reiterado, la violencia interior y el cambio repentino y perpetuo.

129

Ya en casa, coloqué todas mis pertenencias en su lugar, los pañuelos, collares, sacos, bolsas, juguetes, mis novelas policíacas, las esculturas de deidades adquiridas en una tienda de arte en Benares: Durga, la de las ocho o diez manos, Lakshmi, la diosa de la abundancia con su sari estampado en verde y blanco y la palma pintada de color escarlata: las compré para curarme en salud y porque son muy bellas.

Me acuesto, derrengada por el largo viaje; con dificultades empiezo a conciliar el sueño; despierto de repente, sobresaltada, no sé dónde estoy, si en mi cama o en la cama del vagón llamado Aiwar que ocupé durante siete noches en mi viaje por el Rajastán en el Palacio sobre ruedas. Por la pesadilla transcurre un olor; me hostiga, me ataranta, me aterroriza, el olor saturante que exhalaba la perfumería del barrio musulmán de Delhi, donde tuve la mala ocurrencia de comprar varios frascos de perfume que el propietario preparó delante de mí, rellenando botellitas con las esencias que elegí después de empalagarme entre los cientos de distintos aromas que rellenaban bellísimos frascos de cristal cortado, colocados con orden primoroso en pequeñas alacenas de cristal, dos de ellos, especialmente escogidos como regalo para mi amigo Mario.

El olor parecía salir de mi cabeza o quizá estaba dentro de ella, para siempre, por lo menos en mi sueño. Despavorida, me levanto, ya no quiero estar de viaje, pienso estremeciéndome, y menos en la India: trato de sacudirme la pesadilla, el olor me ha perseguido toda la noche y de repente vuelvo a sentirlo como si nunca hubiera acabado de despertar. Ojerosa me levanto al día siguiente. ¿Serán perfumes verdaderos o irreales los que me hostigan? ¿O será que de pronto evoco ese olor que Naiyer Masud describió como uno de aquellos aromas tan antiguos como el mundo, antes de que existieran las flores y que al inhalarlo inducía a recordar lo olvidado?

Me doy vuelta y al lado de mi cama encuentro en la mesa de noche dos botellitas con los perfumes que a mi vez yo había traído de la India. Para conjurar el olor pronuncio la palabra Kainenore, palabra compuesta de un vocablo yidish y otro hebreo, protección contra cualquier maldición (me la enseñó mi mamá).

A mis dos amores,
Sofía y Bruno.

La viva imagen de la India, enredada, polvorienta.

Tienen los ojos muy negros.

Un frágil equilibrio.

Un buda verde.

La verdadera devoción.

Como la gente en las calles, en los templos las figuras se enraciman...

Abundan los pájaros emblemáticos.

Hospital de pájaros.

Coches y ¿santones?

Así se pasa la vida.

Ricshos de bicicleta o motocicleta, pintados de colores detonantes.

Pequeños templos en casi todas las esquinas.

Expresiones visuales de devoción.

En la mezquita un creyente con la barba teñida de rojo.

Cada edificio esconde como en radiografía su futuro de ruina: Sebald.

Me deslumbró el milagro mortecino...

Hay que descalzarse.

Se confunden los objetos y los hombres.

Las musulmanas con velos negros.

La mirada se vuelve crepuscular…

La feliz coincidencia entre lo religioso y lo profano.

Los milenarios oficios callejeros.

Encantadores de serpientes: las víboras carecen de veneno.

Un elefante doméstico ataviado como un maharajá.

Tiene todos los dientes y hasta un turbante…

Y la belleza, al lado la belleza…

Una perfecta y sabia geometría.

La reiteración se vuelve clásica.

La verdadera mímesis del adorno y el color.

Hombres y bestias se acarician y copulan.

Un carro lleno.

La sacralidad de las vacas es sospechosa.

En el campo, la paz arcádica.

Es ardua la labor.

Hombres cargados con bultos gigantescos.

¿Por qué tan felices?

La simple y absoluta belleza del diseño.

Los arcos lobulados cobijan a la gente.

Las maravillas de la perspectiva.

En la noche Varanasi adquiere una realidad fantasmagórica.

Retablos en los muelles.

Las mujeres y el sol iluminan las escalinatas.

Escenas en el Ganges.

Barcas varadas junto al río.

La santidad y la basura.

En Sarnath una anciana reza en torno a la estupa.

La eterna religiosidad.

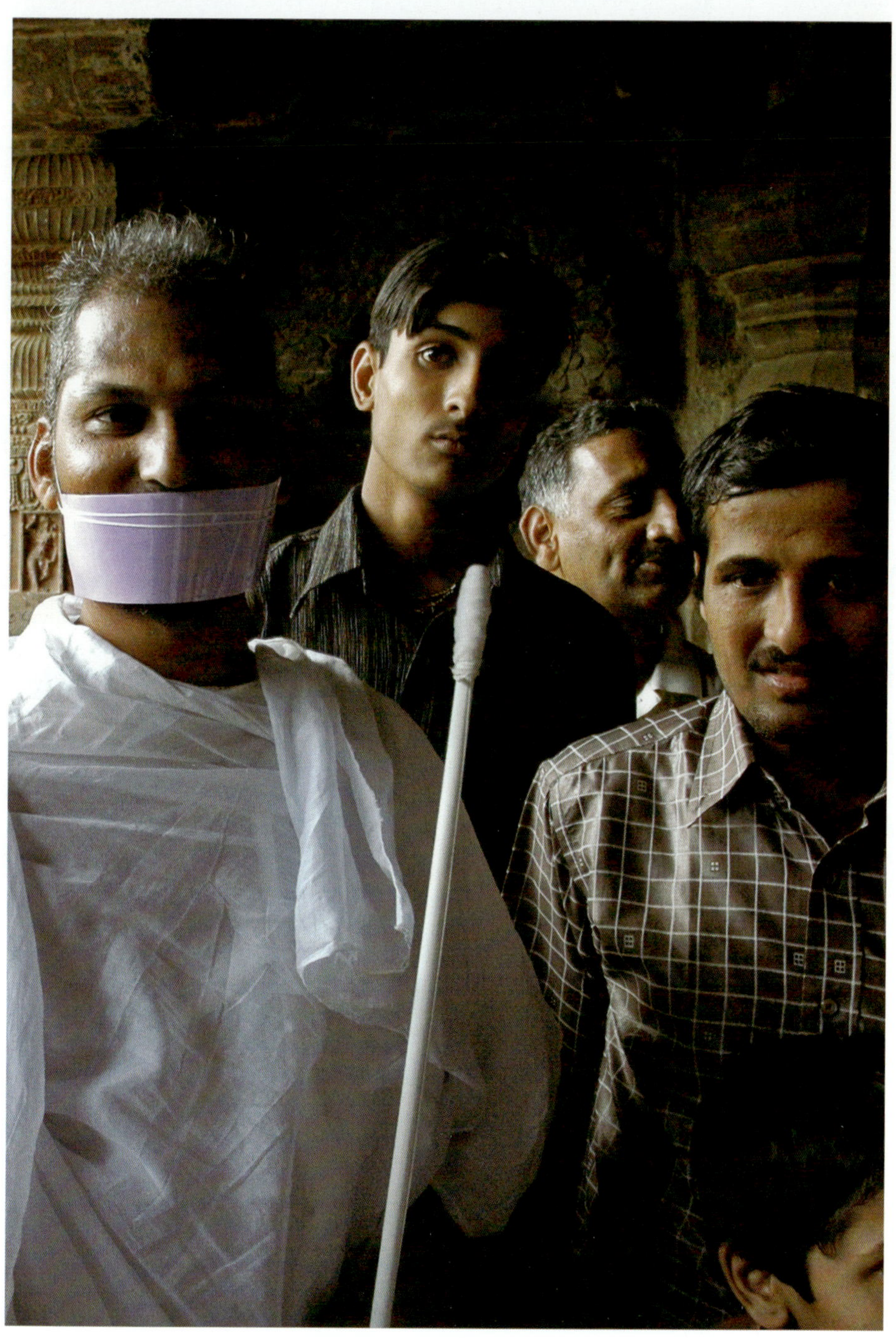

Una mordaza les cubre enteramente la boca: son jainitas.

Monjes budistas ataviados con su túnica escarlata.

Niños y pájaros en el jardín.

¿Bailamos?

Paisaje habitual en una calle de la India.

Las vacas son city people.

La convivencia de los monos y los hombres.

En la India, dice Pasolini, la vida tiene los caracteres de la insoportabilidad.

¿Tenía pies cabeza? / ¿Tenía extremidades?

Templo de Kali, la diosa del mal.